Rescatándome

LA HISTORIA DE CÓMO TRANSFORMÉ
MI CUERPO DESPUÉS DE LOS 40 AÑOS

NORA REYNOSO

© 2019, Nora Reynoso
ISBN 978-1-7335687-0-8

Rescatándome
Autor: Nora Reynoso
Editor: Ana Milena Varón B.
Consuelo Quiñones C.
Cubierta y diseño: Felipe Castillo
Imagen Portada: Jeff Hendricks II - Goliath Views
Los Ángeles, California. EE.UU.

Las Escribidoras Ediciones
www.lasescribidoras.com

A mis hijos, mis nietos, y mis
futuras generaciones.

"Aprecia las bendiciones y aprende las lecciones de tus errores".

Foto: Edward G Negron, 2018.

1.

EMPECÉ A LLORAR SIN LÁGRIMAS.

D E REPENTE todo comenzó a girar a mi alrededor, las palabras de los que estaban a mi lado se mezclaban sin coherencia y no podía entender lo que decían. No quería desvanecerme en frente de ellos, tenía esa creencia de que si me desmayaba a solas podía recuperarme más rápido. Busqué el baño más cercano y entré. Necesitaba un minuto a solas, un poco de agua en la cara, un respiro profundo; entonces llegó la pregunta obvia ¿Qué comí que me cayó tan mal? No pude encontrar la respuesta; en ese momento no me interesaba saber. Traté de recobrar las fuerzas, de mostrar el vigor de la madre soltera de dos hijos a los que nunca les había faltado nada; de decirle al mundo que seguía siendo la caza recompensas más fuerte y famosa del Condado de San Bernardino y Riverside, en California. Con eso en mente salí al salón, mi hermana y mi papá me esperaban para decidir el color del ataúd que necesitábamos comprar.

Ahora, buscando en mi memoria sobre lo que comí por esos días sólo puedo recordar las enchiladas que preparaba mi madre, doña Abelina Reynoso. Es uno de mis platos favoritos. Fue un día antes del cumpleaños ochenta y dos de mi papá cuando llegué a la casa de mis padres y me di una tremenda comilona de enchiladas. Híjole, si estaban picantes. Tal vez mi mamá estaba enojada por alguna tontería. Y es que el nivel de chile que ella le echaba a las comidas era el termómetro perfecto para medir su estado de ánimo, para saber si estaba encabronada.

Pero ese día me equivoqué, no estaba molesta ni de mal genio, estaba enferma. No le puse mucho cuidado a su semblante, terminé de comer y me fui a trabajar. Teníamos que arrestar a alguien que no había querido cumplir con su cita frente al juez. Tal vez debí detenerme a pensar –¿Por qué mi mamá se ve así, como sin ganas? Si no hubiera preparado la comida tal vez yo habría puesto más atención, esa sería una señal inconfundible de que algo estaba mal. Pero los afanes con los que siempre andaba no me permitieron ni siquiera advertirlo. Además, tenía que ir a preparar una fiesta para el otro día.

En mi casa las celebraciones siempre giraban en torno a la comida; la mayoría de las exquisitas recetas mexicanas son preparadas por mí. No es por presumir pero cocino sabroso, heredé ese talento de mi mamá. Una gran variedad de platillos siempre adornaron la mesa de mis fiestas; las bebidas tampoco podían faltar, la cerveza, el vino, uno que otro cognac y el tequila siempre hicieron parte del reventón.

Fue por uno de esos festejos en mi casa que no pude estar en el cumpleaños de mi papá. No lo invité a mi "party" porque a mi mamá no le gustaba salir de su casa. A veces doña Abelina dejaba que me le robara al marido y lo trajera a mis reuniones pero con mucho recelo de las invitadas que tenía. "Viejito mañoso"– solía decir.

Una gran parte de mis amigas son mujeres guapas, esbeltas, y muy sensuales; la mayoría trabajaron conmigo en eventos de promoción de cerveceras. Luego me ayudaron a impulsar mi negocio de fianzas y caza recompensas.

Mi padre se quedó en su casa celebrando su día, fue lo mejor que pudo hacer. Mientras tanto, yo disfrutaba de una buena tarde de domingo en mi hogar con mis hijos, "el novio" -como le decía a mi pareja- y mis amigos. Una llamada terminó de un solo tajo la algarabía de mi reunión. Algo había pasado en la fiesta de mi papá. En ese momento no supe los detalles, lo único que me dijeron es que habían encontrado a mi mamá desmayada en el piso y la llevaban hacia el hospital. Recuerdo que estaba un poco mareada por las cervezas que había tomado. Sin embargo, el nivel de alcohol no sirvió para quitarme el pánico que se apoderó de mí.

Al llegar al hospital supimos que había sufrido una embolia, (así le llaman a la obstrucción de una vena o arteria por un coágulo sanguíneo). Mi hermana me contó que todos estaban celebrando en el patio y que ella decidió entrar a la casa. No sabemos cuánto tiempo pasó hasta que mi papá fue a buscarla y la encontró tirada en el suelo.

Doña Abelina, mi madre, nació el 10 de noviembre de 1932; siempre fue delgada y chiquita, no pasaba los cinco pies de estatura (152 cms). Tuvo ocho hijos, dos murieron. En Estados Unidos vivimos cinco de sus críos, el otro está en México. A pesar de ser tan pequeña de estatura todos sabíamos que era grande, muy grande, como una piedra gigante que no se puede romper. En mi memoria no había recuerdos de que ella se hubiera enfermado antes de ese día. Siempre estaba trabajando, corriendo de un lado para el otro, cuidando de la casa, de los hijos, del marido. Era inquebrantable. Pero cuando llegué al hospital y la vi tirada en la cama, indefensa, llena de tubos y sin poder hablar esa imagen se desvaneció.

—¡Esta no es mi mamá!, pensé.

Hasta ese momento no era consciente de que doña Abelina ya era una mujer de setenta y ocho años. Soy la menor de los hijos; para cuando mi mamá se enfermó yo tenía treinta y nueve años y toda una historia a mis espaldas. Nací en Santa Mónica, California. Llegué al mundo cuando la familia aún tenía recursos económicos; las cosas cambiaron pronto y nos mudamos a Inglewood, una ciudad de las duras, donde aprendes a defenderte o no sobrevives. A los trece años iba a la escuela y trabajaba con mi mamá en la madrugada en un restaurante en Lakewood. Habíamos dado la dirección del negocio para que pudiera trabajar desde las tres de la mañana y a las ocho ir a la escuela. Pero en la institución se dieron cuenta y me enviaron al distrito que me pertenecía, cerca a mi casa. Entonces preferí quedarme trabajando y no volví a clases. Tenía diecisiete cuando me embaracé de mi hija y me casé; me fui de la casa muy joven. Creo que de alguna forma quería alejarme del vecindario; tenía una enorme necesidad de buscar seguridad en mi vida.

Realmente puse distancia entre mi familia y yo; desde mi casa hay que manejar casi dos horas para llegar a donde vivían mis padres. Aunque la relación se mantuvo, yo seguía peleando con mi mamá y echándole la culpa de algunas cosas del pasado. No creo que exista un hijo que no haya recriminado a sus padres por algún acontecimiento doloroso de su vida. Tal vez creemos que ellos tienen la responsabilidad de ayudarnos a lidiar con todos nuestros sufrimientos. Debe ser por esa apariencia de indestructibles que tienen.

Pero ese día en el hospital me di cuenta de que mi mamá estaba indefensa, débil; que la fortaleza que siempre mostraba se estaba yendo. Le costaba hablar y moverse, había quedado paralizada del lado izquierdo. Pasaron los días y otra vez doña Abelina sacó alientos; comenzó a recuperarse. Aproveché ese tiempo para pedirle perdón, perdón por haberle echado la culpa de mis problemas, perdón por mis ausencias, perdón por mis inconsistencias. Todos estábamos felices por su mejoría. Incluso mi hermano construyó una rampa para que pudiera salir al patio en su convalecencia y tomara el sol. Del hospital la remitieron a un lugar para su rehabilitación antes de enviarla definitivamente a la casa.

Con las buenas noticias sobre la recuperación de mi mamá todo estaba volviendo a la normalidad. Pero la tranquilidad no duró mucho. Otra vez una llamada asestó el golpe, esta vez fue devastador. Al otro lado del teléfono una voz me dijo que mi mamá había dejado de respirar. No me quisieron confirmar su muerte pero mi corazón sintió que el momento había llegado. Como en otras ocasiones me tocó agarrar las riendas de la casa, afrontar el problema y apersonarme de despedir a mi mamá. Ser la mensajera de esa noticia fue una de las cosas más complicadas que me ha tocado hacer en la vida; especialmente con mi hija, ella adoraba a su abuela. También tuve que decirle a mi papá que la mujer con la que había pasado casi toda su vida se había ido y ya no volvería.

No pude echarme en mi cama a llorar. No dejé salir las lágrimas porque no quería aceptar que había perdido a mi mamá, que desde ese momento era una huérfana. Ahora que reflexiono, entiendo que no me tomé el tiempo para aceptar mi situación. ¡Error, gran error! Tampoco pensé en comer, mucho menos en tomar agua e hidratarme. El día que casi me desmayo escogiendo el ataúd de mi mamá no había probado un solo bocado.

Siento que todo pasó muy rápido, los días se convirtieron en horas o de repente en minutos. En mi mente todo pasaba como una película que se está adelantando y devolviendo continuamente con el control remoto. Las imágenes se detienen después del entierro, cuando llegamos a casa paterna y ella, mi mamá, ya no estaba. En ese momento decidí que me iba a llevar a mi papá conmigo. Quería cuidarlo. Pensaba que de pronto él se quisiera ir detrás de su mujer. Estuvieron casados 60 años. No creo que en algún momento de su vida hubiera querido dejarla, realmente la amaba, así le cocinara con demasiado picante.

Con mi padre en mi hogar quise ser Doña Abelina en la cocina, me dediqué a preparar una gran variedad de recetas para complacer a todos los comensales que llegaban y claro, seguí con la rutina de acompañar las comidas con unas cuantas "chelas". También dejé de salir, al único lugar que iba era al supermercado. Mi negocio lo manejaba desde la casa. Otro error que ahora descubro. A dos meses de la muerte de mi mamá la ropa ya no me quedaba. No le di mayor importancia, pensé que era una tontería. Para despedir el 2010 me vestí con un pantalón elástico, una blusa larga y a comer y a beber se dijo.

A comienzo del 2011, dos meses después de la muerte de mi mamá, mi hija decidió independizarse, quería un espacio para ella y su familia; a la que más iba a extrañar era a mi nietecita que para esa época tenía dos años. Yo me quedé con mi papá, mi hijo y el novio. No alcanzaron a pasar dos semanas cuando mi papá decidió irse para su casa, mi hermana mayor se sentía sola y lo necesitaba. Mi padre se marchó diciendo que no podía regresar. Yo entendí las razones que él tenía. Otro que no paraba en la casa era mi hijo, era adolescente y quería estar con sus amigos. Sólo me quedaba el novio pero él trabajaba; así que terminé sola en mi hogar. Lo único que me confortaba y me ayudaba con la soledad era comer y comer. Pensé que llenando el estómago podía colmar el vacío que había dejado la muerte de mi mamá.

2.

SENTÍ QUE ERA EL FINAL

HUBO DÍAS en en los que la muerte y los asaltos eran parte natural de mi vida. Crecí escuchando los tiroteos entre pandillas, las sirenas de los carros de policía y las hélices del helicóptero que pasaba casi rozando el techo de la casa en busca de los sospechosos. Me tocó vivir las revueltas de Los Ángeles en 1992, cinco días de desmanes en los que la ciudad entró en un caos total que dejó más de 50 muertos y 2000 heridos. Aún tengo recuerdos de toda la destrucción y del gran deseo de alejarme. Necesitaba sentirme segura. Quería poder caminar tranquila por la calle, saludar al vecino y dejar de mirar hacia atrás para asegurarme que nadie me seguía. Cuando tuve mis hijos el deseo se convirtió en necesidad.

Tan pronto pude me establecí en Menifee, un vecindario apacible, al sur este de Los Ángeles, donde el crimen era muy bajo. Por esa época tenía cinco empleos, trabajaba los siete días de la semana para pagar todas las cuentas y la casa que había logrado comprar. Uno de esos trabajos era haciendo promoción para la cerveza Budweiser. Fue en uno de esos eventos donde me presentaron al dueño de una compañía de fianzas que estaba abriendo una sucursal cerca al área de mi residencia. El hombre me sorprendió con una propuesta.

—¿Quieres trabajar conmigo? Yo te puedo ayudar a sacar la licencia.

Para mis adentros pensé: este señor lo que quiere es otra cosa; yo ni siquiera sé escribir a máquina, mucho menos voy a poder hacer una fianza. Me dio su tarjeta para que lo contactara. Tardé una semana para llamarlo. Cuando nos reunimos me contó más sobre el negocio y, lo más importante, el salario que me ofrecía. Con esa suma podía dejar tres de los empleos que tenía, me quedaría solo con las fianzas y las promociones. Como hice con muchas de las decisiones que tomé en mi vida me lancé al vacío y aprendí a volar. Estudié, saqué la licencia y comencé a echar el negocio hacia arriba, tal y como mi jefe lo había vislumbrado.

El trabajo consiste en pagar la fianza del detenido y asegurarnos de que la persona se presente en la corte. Se cobra el 10% del valor al familiar o quien esté pagando la fianza; la compañía tiene que aportar el valor total establecido por el juez. Si el acusado no se presenta, el tribunal se queda con la totalidad del dinero; lo que puede significar la ruina de la compañía que puso la fianza. La mayoría cumple con las condiciones. Pero unos cuantos huyen, y es en ese momento cuando se utilizan los caza recompensas.

En inglés se conocen como "bounty hunter", personas con derecho a portar armas, autoridad para hacer arrestos civiles y llevar al acusado de regreso a la cárcel. En ese trabajo hay mucho dinero. El dueño de la compañía prefiere pagar más del 10% del valor de la fianza a tener que perder la totalidad del dinero. Ante las buenas ganancias que dejaba esta parte del negocio dí el siguiente paso y obtuve la licencia para ser caza recompensas. Al poco tiempo me independicé, abrí mi propia compañía de fianzas y caza recompensas, Nora's Angelz Bail Bonds.

Es extraño que queriendo eludir la violencia terminara sacando a sospechosos de la cárcel y, a veces, persiguiéndolos. A comienzos del 2011 ya tenía 9 años con la compañía. Mi novio y mi sobrino trabajaban conmigo.

Desde la muerte de mi mamá no quería salir de casa, no recuerdo haber ido a la cárcel por esos días. Sólo el deseo de ver a mi nieta y tenerla cerca me animó a salir. Recuerdo que era un miércoles cuando decidí llevar a mi chiquita a Chuck E. Cheese, un restaurante con juegos para niños. Mi novio quiso acompañarme. Él mide más de seis pies, es musculoso, muy fuerte, está entrenado para pelear. Por esa razón a veces también trabajaba conmigo en el negocio. Regresando a ese día, recuerdo que eran las once y media de la mañana cuando llegamos al lugar, había muy poca gente, unas tres familias por mucho. Comenzamos en los juegos esperando que estuviera la pizza. Cuando nos disponíamos a almorzar quise pasar al baño; le pregunté a mi nieta si quería acompañarme, ella prefirió quedarse con mi novio. La mesa donde nos sentamos estaba muy cerca de la puerta de entrada de los baños para mujeres, ahí los dejé, mientras yo entraba al baño. Había tres cubículos, el más grande era para discapacitados. Precisamente de ese lugar, de repente, salió un hombre y me agarró por los brazos. Por un par de segundos no pude reaccionar, me quedé paralizada. Por instinto comencé a forcejear con mi atacante.

—¿¡Qué está haciendo!? le grité varias veces, mientras trataba de soltarme.

Todo pasó muy rápido. Me arrastró hacia el lugar de donde había salido y me tumbó al suelo. Inmediatamente trató de montarse encima de mí. En ese momento comencé a sentir que me iba a matar, que quería ahogarme con su peso. Llegaron a mi mente todas las historias de violaciones y asesinatos que había escuchado a lo largo de mi vida. Mientras forcejeaba para quitármelo de encima traté de gritar. Sentía que los chillidos que yo trataba de sacar se ahogaban en mi garganta. Con la mano trató de taparme la boca. Al ver que no dejaba de pedir auxilio comenzó a pegarme. Cerró el puño y comenzó a golpearme en la cara. Eran golpes cortos, no tomaba mucho impulso para tirarme el puñetazo. Aprovechaba el tiempo para hacerlo varias veces, siempre en la cara.

—¡Cállate, cállate!, me decía mientras descargaba su ira en mi rostro.

En sus ojos vi al diablo, no podía ser otra cosa. Parecía poseído por un ser maligno. En su espalda cargaba una mochila pequeña; pensé que podía sacar un arma de allí; una pistola, un cuchillo, cualquier cosa con la que pudiera asesinarme. En ese instante logró poner todo su cuerpo sobre el mío. Quedé casi aplastada, me superaba por más de un pie de estatura, unos 30 centímetros. Pero mi necesidad de vivir me impulsaba a seguir luchando, a intentar defenderme. Como no podía controlarme puso sus rodillas en mi pecho tratando de ahogarme pero aproveché para arrastrarme de espaldas hasta la pared y traté de incorporarme.

—¡¡¡Ayuda, ayuda!!!, no paraba de gritar.

Afuera mi novio no escuchaba con claridad mis gritos, estaban perdidos entre el ruido de los niños. Él pensó que era una niña que estaba llorando, no le puso mucha atención.

Al ver que nadie respondía a mis llamados de auxilio, pensé que debía quedarme con algo de él; una muestra de ADN entre mis uñas, un pedazo de su ropa, un cabello, cualquier cosa que pudiera servirle a los investigadores a identificar a mi violador y, tal vez, mi asesino. Pero todo eso se quedó sólo en pensamientos, no logré ni hacerle un rasguño, no pude quedarme con nada de él. Ya estaba acorralada contra la pared, no tenía más espacio para moverme, ni un centímetro. Volvió a pegarme, esta vez con más violencia, con más odio. Quedé tirada en el piso y se trepó con más fuerza sobre mi intentando quitarme la ropa. Por fin de mi boca salió el nombre de mi novio.

—¡Carlos… Carlos…!

Al escuchar su nombre, Carlos supo que era yo la que necesitaba ayuda; en los diez pasos que dio pensó que tal vez se me había enredado el cabello en la secadora, o me había resbalado. Tan solo tuvo que abrir la puerta para ver al hombre que estaba encima de mí. Carlos le ganaba en estatura y peso al joven así que de un solo jalón lo apartó, lo agarró por el cuello y lo levantó como si quisiera ahorcarlo con una sola mano. Yo salí arrastrándome, llegué hasta la puerta del baño, tratando de respirar, de buscar un aliento de vida, y comencé a llorar. Carlos quiso golpear al sujeto pero él sabía que lo mejor era inmovilizarlo. Si lo maltrataba podíamos meternos en problemas.

Afuera había quedado mi nieta. Con solo tres años se me acercó a consolarme. En ese momento noté que en medio del forcejeo me había orinado. No me importó. La cabeza me dolía mucho, me la había golpeado contra la taza cuando me arrojo al suelo la primera vez. También tenía ganas de vomitar.

Los encargados del restaurante llamaron a la policía para que detuvieran a mi atacante, un joven que apenas había cumplido los dieciséis años. En medio del alboroto se acercó una de las señoras que estaba allí con sus dos pequeñas niñas.

—Siento mucho lo que le pasó -me dijo— pero agradezco que haya sido usted a la que atacaron. Iba a mandar a mi hija de cinco años al baño en ese momento.

Las palabras de esa señora me hicieron entender la fragilidad de una víctima en un asalto; si yo que estoy entrenada para hacer un arresto, para afrontar una situación como esta no pude defenderme sola: ¿Qué le podría pasar a una niña?

A los pocos minutos llegó la policía y tomó el reporte, los paramédicos me atendieron y querían llevarme al hospital pero me rehusé, sólo quería regresar a casa. Me sentía violada por un joven que había podido ser mi hijo. Lo más irónico es que el ataque ocurrió en uno de los suburbios más tranquilos y seguros del estado, donde casi nunca pasa nada y a plena luz del día. Todo lo que sabía, lo que supuestamente había aprendido en esos cuarenta años se esfumó con este ataque. Siempre dije que estaba preparada para un asalto. Repetía la lección en mi mente: si vas a un barrio peligroso te mantienes alerta, si llegas al bar donde hay hombres borrachos y de noche, te cuidas. Pero pasó en el momento y en el lugar menos pensado.

Antes de violar mi cuerpo, ese muchachito violó mi confianza, mi seguridad. Llegué a la casa como a las dos de la tarde. Hasta ese momento comencé a sentir el dolor en mi cuerpo. No había comido nada, sólo había tomado un poco de agua para salir del shock. Lo primero que hice fue llamar a mi papá, yo soy la más "chiquiada" de la familia, la niña de la casa. Quería que él viniera y me abrazara y me dijera que todo iba a estar bien. Pero no pudo.

Ese fue uno de los días que más he extrañado a mi mamá. Siempre que pasaba algo malo ella estaba ahí para protegerme.

—¡Hijo de la tiznada! ¡Si lo tuviera frente le doy una paliza!, hubiera dicho doña Abelina. Pero mi mamá ya no estaba. Me tocó lidiar con esto sola.

Llamé a mi doctora para que me revisara, me dió cita para el día siguiente. Además de los moretones, el examen médico reveló que en medio del forcejeo mi atacante me desgarró uno de mis pechos. Creo que fue cuando puso sus rodillas directamente en mis senos para lograr que me quedara en el suelo. Me recetaron medicamento para el dolor y Xanax. La doctora me dijo que era para la ansiedad, la depresión y los ataques de pánico, que me iba a sentar bien. Pero no fue así, con la primera pastilla que me tomé mi organismo se descontroló. Comencé a llorar sin detenerme. Fueron unos días horribles. Lo único que me ayudaba es que estaba en casa donde me sentía protegida

El lunes siguiente tuve que ir a la corte a enfrentar a mi agresor. Mi nombre y el de mi compañía eran muy conocidos en los condados de San Bernardino y Riverside, donde llevaba veinte años viviendo y trabajando para esa comunidad. Muchos jueces, fiscales y abogados saben de mí. Incluso la gente llegó a pensar que el atacante era uno de aquellos que había encerrado como parte de mi trabajo. Pero no fue así, yo nunca había visto a este muchacho.

El fiscal me contó que mi abusador asistía a una escuela a pocos pasos del restaurante, que sus padres eran drogadictos y que unos familiares se habían hecho cargo de su cuidado. Cuando lo arrestaron dijo que se había confundido y entró al baño de damas por equivocación. Y que cuando se topó conmigo, yo había comenzado a gritar como loca y él sólo trató de calmarme. Con lo que no contaba era que había una cámara de seguridad en el restaurante. El video mostró que él había estado quince minutos dentro del baño esperando a una víctima.

Al conocer los detalles de su pasado y verlo ahí sentado en la corte tan diferente, tan humano, tan indefenso, pensé que mi atacante pudo ser una víctima. Tal vez alguien lo atacó en su niñez. En medio de mis cavilaciones, los familiares del agresor se acercaron a decirme que lo sentían mucho, que este jovencito había pasado por muchas cosas tristes. En ese momento me sentí mal. Tuve intenciones de retirar la denuncia, pero mi novio me aterrizó de un sopetón al mundo real.

— Deja de estar pensando siempre en los demás, piensa por primera vez en ti.

Sus palabras todavía retumban en mi mente. Así que dejé de lado mi instinto maternal de cuidar a todo el mundo y traté de ser racional. Analicé el momento del ataque. Comprendí que ese joven era un depredador sexual, que premeditó el asalto y que seguramente lo volvería a hacer. El tiempo me daría la razón. Como mi agresor era menor de edad y esta era su primera ofensa, el juez fue condescendiente y sólo lo sentenció a pasar treinta días en la cárcel y no fue registrado como un ofensor sexual. Salió a los treinta días a disfrutar la libertad mientras yo estaba encerrada en una prisión de miedo.

3.

Y SIN DARME CUENTA ME ENGORDÉ

DESPUÉS del ataque pasé varios días sin hacer nada. De repente me encontraba sentada en la cama o en el sofá, sola. No quería platicar con nadie. El aburrimiento se convirtió en mi mejor amigo. Hasta que me hastié y dije

—¡Nora, no puedes seguir así!

Decidí regresar a ocuparme de mis cosas, de mis hijos, de los quehaceres del hogar y por supuesto a trabajar, pero siempre desde casa.

Ahora reflexionando creo que ese fue el mayor problema: no tomé el tiempo necesario, ni los pasos adecuados para recuperarme de los dos golpes que la vida acababa de darme. Traté de dejar en el pasado los último seis meses de mi vida; como cuando no puedes sacar una mancha de tu ropa y decides desechar la prenda; lo que no me di cuenta es que la mancha había traspasado la tela y se había quedado en mi alma.

Pasaron los días, los meses y la vida volvió a la "normalidad". Sólo salía de mi casa para lo estrictamente necesario. Un poco cansada de esa rutina decidí regalarme un viaje para mi cumpleaños número 40. La juventud se estaba yendo y era hora de hacer cosas que siempre quise hacer. Era la oportunidad de escaparme con el novio a un lugar paradisíaco y vivir unos días románticos. Lo que todas soñamos cuando somos chamacas. Una llamada amenazó con arruinar todos los planes. El fiscal que había acusado a mi atacante quería hablar conmigo. Apenas escuché la voz del abogado al otro lado de la línea recordé el augurio que había hecho el día que me presenté en la corte. Mi voz interior me dijo:

—Lo volvió hacer. Atacó a otra vez.

Pasaron pocos segundos para que el fiscal leyera mis pensamientos.

—Necesitamos que testifique nuevamente. La otra víctima está asustada y no quiere presentarse en juicio.

Apenas habían pasado seis meses desde que intentó violarme. Para su segundo asalto escogió un conjunto residencial donde había vivido meses atrás. Estuvo agazapado cerca de un pequeño parque para niños esperando a que pasara una joven madre. La mujer venía cargando a su hijo menor y traía de la mano a su otro hijo. El fiscal me contó que el cobarde dejó que ella pasara y la empujó por la espalda haciéndola caer junto con los dos pequeños. Al igual que en mi caso, en su desesperación por cometer la violación no pudo inmovilizar a su víctima. Ella gritó por ayuda y el esposo acudió a su rescate y logró detener el ataque. Pensando dos veces sobre la forma de actuar de este pervertido concluyó que es un enfermo sexual, sólo eso justifica un asalto a plena luz del día.

La segunda víctima no quería testificar contra el joven, que para ese entonces ya tenía 17 años. Ella argumentó que tenía miedo de que la asaltara nuevamente. Por esa razón el fiscal quería que le ayudara con mi testimonio, para darle confianza. Recordar ese ultraje no era algo que me quisiera hacer. Pero me puse a pensar que debía darle valor a la joven madre y detener a este muchacho, así que acepté testificar en el nuevo juicio. Por fortuna la audiencia no se realizaría sino hasta febrero del próximo año (2012), así que podía viajar a celebrar que aún estaba viva.

Dejé por dos semanas las obligaciones y me fui con mi novio a Costa Rica. Los primeros días estuvimos conociendo muchos lugares exóticos de ese país. Caminamos, comimos y bebimos hasta saciarnos. La segunda semana nos quedamos en un "resort" con todo incluido. Al llegar al lugar todo era perfecto. Había bufés con todo tipo de comida. Carnes, mariscos, frijoles, plátanos, ensaladas, hacían parte de una carta extensa que uno no terminaba de probar. Yo intenté comer de todo un poco. Y de las bebidas ni hablar. Teníamos un bar privado en nuestra habitación.Eso no era todo, alrededor del complejo hotelero se podía encontrar varios bares abiertos las 24 horas. La cerveza, el Ron Flor de Caña y uno que otro whisky estaban haciendo de ese lugar un verdadero paraíso para mí.

Al segundo día de nuestra llegada al hotel estábamos en la piscina compartiendo con otros turistas, riéndonos y tomando unos tragos. Ya estaba atardeciendo y quisimos con el novio vivir algo más íntimo. Anhelábamos ver el ocaso en la playa tomados de la mano, y besarnos frente al mar para sellar nuestro amor para siempre.

Tenía puesto uno de mis bikinis. Desde muy chica aprendí a usar vestido de baño de dos piezas. Siempre fui un a mujer menudita, flaquita. "Muy curiosita", digo yo. En mi juventud aprendí a sacarle provecho a mi cuerpo, aunque no era perfecto tenía armonía y sobre unos tacones podía convertirme en un "mujerón", como decían mis amigos. Así trabajé muchos años como "chica Budweiser". Ese día caminando hacia la playa sentía que iba la chica que décadas atrás dejaba a los hombres boquiabiertos. A mi lado mi novio, un hombre atlético de más de 6 pies de estatura. Eramos la pareja perfecta, para portada de revista o calendario. Además se notaba que estábamos muy enamorados.

Al llegar a la playa había un trabajador del hotel, muy amable, que nos pasó a cada uno una toalla para extender sobre la arena. En el preciso momento que el hombre me entregó la pieza de tela, desplegó una sonrisa de oreja a oreja y me dijo con mucho énfasis:

—¡Felicitaciones!

Me quedé mirándolo extrañada, no entendía por qué las congratulaciones. Mi novio hablaba muy poco español y no comprendía lo que estaba pasando. Intrigada le pregunté al señor porqué me daba esas felicitaciones tan efusivas. En ese momento el ingenuo hombre señala mi vientre y repite el cumplido.

—Felicitaciones por el embarazo.

Desconcertada bajé la mirada y vi lo que todos podían observar y yo no, un estómago pronunciado y el exceso de muchas libras que hacían que me viera como si tuviera varios meses de embarazo. Cuando mi novio entendió quiso desbaratar al pobre hombre. El tomó el error del trabajador como un insulto. ¡¿Cómo se le ocurría decirle eso a su reina?!, a la mujer más perfecta del mundo.

—¡Le voy a meter unos madrazos!, dijo mientras me miraba el vientre.

Rápido reaccioné y lo agarré de la mano. Lo llevé hacia la playa diciéndole que todo había sido un malentendido, que no pasaba nada. El trabajador se quedó atrás sin saber que hacer, la sonrisa del pobre había desaparecido. Ahora reviviendo la escena recuerdo que mi novio me dijo en inglés que el trabajador me había dicho eso porque le caíamos "gordos". Demasiada ironía.

Llegamos a la playa a ver la caída del sol mientras el señor se quedó atrás sin entender qué había pasado. Frente al mar traté de echarle la culpa de la inflamación de mi vientre, de mis caderas, de mis piernas, de mis brazos, de todo mi cuerpo al licor que había estado tomando. También había que reconocer que estaba a punto de cumplir 40 años.

—Eso debía pasar por la edad, me dije.

Tal vez la vida me estaba mandando un mensaje con este señor y era hora de ponerse vestido de baño de una pieza. Ya estaba vieja y la Nora de Budweiser había quedado en el pasado. Aunque en cierto modo no estaba tan alejada de la verdad, en ese momento no era consciente de lo que me estaba pasando.

Mirando la puesta de sol decidimos que el comentario no nos arruinara el paseo, así que nos fuimos a cenar y a seguir bebiendo, la solución para todos mis problemas en ese entonces. Volvimos a casa cinco días después. Si ya estaba gorda cuando inicié mis vacaciones, al regresar tenía unas 15 libras de más. Me imagino que si el trabajador me hubiera visto cuando aterricé en California habría pensado que estaba a punto de tener octillizos.

Dejé el incidente de mi vientre inflado atrás. Me dediqué a preparar las celebraciones de fin de año, las segundas festividades sin mi mamá. Como casi todas mis navidades, desde que llegué a Menifee, planeé una fiesta para navidad con comida puertorriqueña, la preferida de mis hijos. Preparé pernil de cerdo al horno. Desde un día antes lo marinaba para que agarrara sabor. La ensalada de papa, no podía faltar. El arroz con gandules, las bolas de queso y las alcachofas con aderezo completaban el plato fuerte. Para el postre había arroz con leche y pastel de calabaza. El toque mexicano lo ponía en la bebida. Preparaba ponche de frutas con licor. En el bar los adultos tenían cerveza, champaña para brindar y vino.

Comencé desde la mañana a preparar todos los platos y a limpiar la casa. Para las seis de la tarde ya había preparado casi toda la cena, el pernil de cerdo estaba en el horno, entonces era hora de ponerme hermosa. Tengo en mi cuarto lo que le llaman en inglés un "walking closet", un pequeño cuarto donde tienes tu ropa. Soy bastante ordenada y tengo mi ropa clasificada de tal manera que puedo encontrar fácilmente lo que me quiero poner. Siempre he dicho que una de mis cualidades es que aprendí a vestirme sacando provecho de mis atributos. Todo es una ilusión óptica, así que me tapo lo feo y luzco lo bonito que tengo. Hombres y mujeres siempre me chuleaban por mi vestuario. Con la lección aprendida no era difícil para mí combinar las prendas y encontrar el atuendo perfecto para cada ocasión. Ese día fue diferente. Comencé a probarme algunas blusas y pronto descubrí que ninguna me quedaba. Opté por intentar con los pantalones. Me gustan las prendas elásticas, esas que se ajustan a tu cuerpo y ¡Ya! Pero esa tarde la tela no cedía lo suficiente, todo me quedaba más apretado o sencillamente no entraba.

Tal vez cuando me estaba bañando había sentido que mis glúteos estaban más grandes, lo mismo pasaba con las piernas y los pechos. Estos últimos no me dejaban ver que el vientre estaba creciendo. A pesar de estas señales nunca se me pasó por la mente que estaba subiendo de peso sin control. El trabajador del hotel lo había visto unas semanas antes. Pero yo no podía entender lo evidente.

Con casi todas las blusas, las faldas y los pantalones en el suelo me puse a llorar. Al principio fueron lágrimas de impotencia, de no entender qué le había pasado a esa flaquita que con cualquier ropa quedaba bien. Después el llanto se desbordó acompañado de uno que otro chillido que salía de mi garganta, parecía un río sin control que quería arrasar todo a su paso. En ese momento llegó mi novio y me preguntó qué me pasaba, mientras veía el reguero de ropa en el suelo.

—Nada me queda, le contesté limpiándome las lágrimas de la cara.

—No te preocupes, estás hermosa, sabes que yo te quiero, me dijo mientras me abrazaba.

En vez de calmarme, sus palabras aumentaron mi llanto. Quería mandarlo a volar por lo que me dijo. En ese momento yo escuchaba: no te preocupes, aunque estés gorda yo te voy a seguir queriendo. Yo quería que me mintiera, que me dijera:

—¡Nora no estás gorda!

Tras llorar un poco, y como le pasa a muchas personas, decidí olvidar el asunto. Me limpié la cara y me puse la blusa más ancha que tenía con uno de los pocos pantalones elásticos que me entró. La joyería y el maquillaje me hicieron ver que aún quedaba belleza en mi exterior. La pataleta había quedado atrás, al final del día no importaba lo que pasara con mi cuerpo. Tenía una pareja a la que le parecía la mujer más hermosa. Mis hijos estaban orgullosos de su mamá. Todo estaba bien.

Llegó la noche buena. Como siempre la fiesta estaba sensacional, había comida por montones y una variedad de bebidas con y sin alcohol. Entre los invitados estaba Lupita "la más bonita", así le digo a mi amiga Guadalupe Moreno. Para esa fecha llevábamos quince años de conocernos. Ella me ayudaba con la publicidad para mi negocio; era una de las modelos de Nora's Angelz. Aunque para esa época ya era una abuelita como yo, Lupita se veía como una veinteañera. Estaba súper delgada. Pesaba 120 libras, un excelente peso para sus 5,5 pies de estatura. Toda la vida había hecho ejercicio y practicaba físico culturismo. Se cuidaba en las comidas y no bebía ni una gota de alcohol. Además de su espectacular figura y su hermoso rostro, esa mujer tiene un corazón de oro. Tranquila, amable, la amiga que siempre está ahí para respaldarte, bella por dentro y por fuera.

La decadente escena de la ropa se me había olvidado a mitad de la parranda. Los traguitos habían ayudado. En esas estaba cuando Lupita se me acercó y me preguntó sin reparos.

—¿Por qué no intentas hacer físico-culturismo?

—¡Ay no mija!, yo aquí me quedé. Fue mi respuesta.

4.

EL RETO DE LA TRANSFORMACIÓN NATURAL

CASI UN año después de sufrir el intento de violación me tocó volver a ver a mi atacante. Estaba un poco más maduro, incluso creo que había crecido. Lo único que no había cambiado era la expresión de su cara, seguía viéndose como un niño asustado. Aparentaba ser inocente, como que no hubiera hecho nada. El fiscal quiso usar mi testimonio para convencer al juez de que este joven era un verdadero peligro. Pero la estrategia no sirvió de mucho. Otra vez el castigo fue muy leve, lo condenaron a unos meses de cárcel. Salí decepcionada y un poco angustiada al recordar el asalto.

Para dejar de lado esa sensación de miedo que me asaltaba de vez en cuando decidí acompañar a Lupita a hacer zumba. Parecía ser un excelente remedio. El problema era que ya no me movía como antes, el peso estaba haciendo estragos en mi cuerpo. Me dolía la espalda y una pierna. El dolor llegó hasta el pie. Hubo instantes en que quedé paralizada sin poder caminar por las punzadas que sentía.

Mi mamá me hubiera enviado al sobandero. Como ella ya no estaba me tocó ir al médico. A los cinco minutos de consulta el doctor me dijo que el nervio ciático se había inflamado. La única solución eran pastillas para combatir el dolor y varias visitas al quiropráctico. No recuerdo que me hubiera dicho que el peso me estaba afectando.

El dolor hizo que pidiera la cita con urgencia al quiro-práctico. Mi novio hizo la cita. Para mi suerte escogió un especialista muy guapo. Tenía que ir dos veces a la semana a verlo. En la consulta volví a darme cuenta de que los años ya habían llegado. Yo estaba acostumbrada a que los hombres me coquetearan, que con una simple mirada me dijeran que "guapa". Pero esta vez las cosas fueron diferentes. Yo era una paciente más. Tuve que reconocer que: ¡Ya ni el doctor me quería ver!.

Mi guapo especialista me recomendó hacer ejercicio para que el dolor desapareciera por completo. Le hice caso, aunque sin tener constancia. Con el poco ejercicio que hacía bailando recuperé la movilidad y respiraba mejor pero el peso seguía igual. En lo que hubo un cambio definitivo fue en mi estado de ánimo. Me sentía más alegre, como era antes de la muerte de mi mamá. Descubrí que el ejercicio ayuda a que el cuerpo, exactamente el encéfalo, fabrique endorfinas. Esta sustancia es responsable de producir emociones placenteras, y ayuda a disminuir la sensación de dolor.

Lupita, la más bonita, me acompañaba a mis sesiones de baile. Siempre allí como la amiga incondicional. Creo que al verme un poco mejor de ánimo decidió dar el siguiente paso. Un día llegó con esa idea loca de que nos teníamos que transformar. Traía la propuesta de una entrenadora que prometía cambios en pocas semanas. No se que quería cambiarse ella, ¡estaba perfecta!. Lo de la perfección en el cuerpo de mi amiga era real, acababa de ganar un concurso por la buena forma de sus músculos. Entonces si ella no necesitaba ninguna transformación todo eso lo hacía por mi. Debía verme muy jodida. Para responder a la solidaridad de mi amiga fui a conocer a la entrenadora. Cuando llegamos al lugar me decepcioné un poco, no era un gimnasio, más bien parecía una bodega pequeña donde había un ring de boxeo y algunas pesas regadas por el suelo. Eso no era nada del otro mundo. Yo había hecho mi búsqueda en internet y el lugar tenía muy buenos comentarios de los usuarios. La entrenadora era una mujer de negocios, bastante directa, eso me gustó. Apenas llegamos nos hizo poner un bikini, quería ver que tan mal estábamos.

¡Otra vez el bikini!, pensé cuando nos dio el traje de baño, recordando la experiencia de Costa Rica y el embarazo. Esta vez era peor porque estaba al lado de Lupita. Ella con el "six pack" de músculos y yo con el "six pack" de la cerveza. Parecía historia de terror, pero ya estábamos allí y no me iba a echar para atrás. El método consistía en una dieta estricta, y una gran cantidad de ejercicio. Tras examinarnos en el traje de baño nos dio a cada una un presupuesto; obvio, el mío era un poco más costoso que el de mi amiga. No entiendo como le cobró a Lupita, en fin negocio es negocio. Para el 2012 las "transformaciones naturales" hasta ahora comenzaban a ser populares, así que el golpe para la bolsa fue duro. Yo decidí pagarle a mi amiga su supuesto cambio, la verdad era poco para lo que estaba haciendo por mi. La solidaridad no tiene precio. Ese mismo día comenzamos con la rutina con la que ella nos prometía dejarnos bellas y esbeltas.

El reto comenzó con el ejercicio: teníamos que ir una hora todos los días de lunes a sábado a su gimnasio, preferiblemente en la mañana, y comprometernos a hacer otra hora y media de ejercicios en la tarde. Lo más complicado era la dieta, el cambio radical de alimentarnos, teníamos que comer seis veces al día; más o menos cada 3 horas debíamos ingerir alimentos. Al principio pensé que eso no era hacer dieta, pero cuando nos dijo qué podíamos comer y cuántas porciones entendí que me iban a privar de una buena parte de los alimentos que más me gustaban. La carne roja estaba prohibida. Sólo se admitían de cuatro a seis onzas de pescado o pollo al día, acompañadas con verduras verdes, preferiblemente espárragos que te sacan el exceso de agua en el cuerpo; un cuarto de taza de arroz o avena al día era permitida. Durante dos meses debía dejar de comer pan, harinas y mi comida mexicana favorita. Teníamos que tomar un galón de agua al día por obligación. Esa era la única bebida aceptada. No podía tomar aguas frescas, sodas, ninguna bebida azucarada y tampoco ninguna clase de licor. Esta última prohibición sería una de las cosas más difíciles, ¿qué pasaría con las cervecitas a las que estaba acostumbrada?

La meta era consumir un límite de 1,400 calorías al día. Al principio no entendía muy bien sobre este tema y qué tan importante era para la salud. Yo nunca había hecho una dieta en mi vida. Por el contrario, hubo una época en mi adolescencia que comía en exceso a ver si algunas partes de mi cuerpo por fin se desarrollaban; pero eso había pasado hacía mucho tiempo. Comencé muy enfocada. Al principio las rutinas de ejercicio me estaban costando un poco. Con la dieta parecía que el universo me estaba ayudando. Mi hija y la nieta no estaban viviendo conmigo, mi hijo se la pasaba en la escuela y el novio consiguió un trabajo que lo mantenía ocupado entre semana, entonces podía cocinar solo para mi.

Me tocó controlar la tentación de llevarme a la boca un pedazo de pan o queso. Tuve que olvidar los ositos de goma que eran mi debilidad. La fruta, que tanto me gusta, también estaba restringida, sólo cinco moras en todo un día. ¡¿Se imaginan?!. Podía tomar café o té pero sin leche. El azúcar era prohibido, podía usar miel o endulzantes especiales.

No puedo decirles que comer todos los días pescado al horno y unos espárragos es fácil. Al quinto día ya no quieres ni olerlo. En los primeros días, la dieta se convirtió en un gran sacrificio, estaba quebrada del hambre. Cada vez que me iba a rendir me decía:

—Nora, ¿Si no puedes controlar lo que comes, cómo quieres tener control otros aspectos de tu vida?

Sin embargo, esa motivación no era suficiente. Creo que el error fue que no preparé mi mente para que me echara la mano en este proceso. Todo el tiempo pensaba que tenía hambre. Comencé a sentir que la ansiedad me invadía. Era obvio, el cambio fue muy brusco. Aunque era algo bueno que estaba haciendo por mi cuerpo, este no podía entenderlo. Debí tener una charla sincera conmigo misma para comprender que todo esto era bueno para mi salud.

Tras unas semana la ansiedad de comer se fue desvaneciendo. El organismo se fue acostumbrando y me sentía más ligera, incluso puedo decir que mi cuerpo andaba contento.

En un momento pude sentir que me estaba diciendo gracias. Aunque la dieta no terminaba de agradarle, los ejercicios cardiovasculares comenzaron a gustarle mucho. Mi cuerpo comenzó a sentir que podía correr, montar bicicleta, como cuando era joven. También pude mover con más facilidad el cuello y la espalda se estaba enderezando otra vez.

Junto a los ejercicios aeróbicos comencé a hacer pesas. Esta práctica se dividía en dos: un día trabajaba la parte alta de mi cuerpo, pecho, espalda y brazos; al siguiente día me dedicaba a la parte baja, piernas y caderas. La rutina siempre era de 20 minutos por cada ejercicio. Poco a poco el tiempo en el gimnasio me empezó a gustar, era como el oasis en medio de un desierto. Además del cambio físico, el ejercicio me ayudó a transformar mi estado de ánimo y las cosas en las que pensaba. Sentía que estaba descubriendo a Nora, era como si en esos 40 años no me hubiera visto bien al espejo y estuviera descubriendo a la mujer que estaba escondida.

Después de seis semanas de seguir la rutina perdí treinta libras. ¡Si, lo había logrado!

El dolor por la pérdida de mi mamá aún estaba allí pero se había vuelto manejable y los ataques de pánico por el intento de violación estaban desapareciendo. Por esos días surgió un reto más interesante que perder peso. Al ver los buenos resultados del entrenamiento y la dieta, la entrenadora nos propuso entrar a un concurso de físico-culturismo para aficionados. La competencia era en la famosa playa de Venice Beach. La misma donde Arnold Schwarzenegger se hizo famoso. Antes de pensarlo dos veces dije: ¡Sí! Otra aventura había comenzado en mi vida.

5.

MI NUEVA AVENTURA

LAS POSIBILIDADES de recuperar peso después de una dieta tan estricta como la que hice eran muy altas. Los entrenadores le llaman a esto "rebote". Si no se cambian los hábitos alimenticios y no se continúa con las rutinas de ejercicios lo más seguro es que las libras regresen a nuestro cuerpo rápidamente. Frente a ese panorama lo mejor que me pudo pasar fue inscribirme en la competencia. Califiqué para dos categorías: Bikini Open, en el que participaban chicas de todas las edades; y Master Bikini, para mujeres mayores de 35 años. Como pueden ver los bikinis me perseguían. En esta categoría se califica el cuerpo tonificado de la mujer pero que aún no tiene totalmente marcados los músculos. Aunque creía que iba a quedar en el último lugar quise dejar una buena impresión. Así que seguí con la rutina de ejercicios y la dieta. Lo único que me tocó cambiar fue el consumo de agua. Los competidores de físico-culturismo tratan de secar el cuerpo, literalmente.

Mis hijos y el novio estaban apoyándome en esta nueva aventura, les entusiasmaba que fuera a competir en el mismo lugar donde Schwarzenegger y Lou Ferrigno (el hombre increíble) alcanzaron la fama. Podría ser el primer paso para una carrera en televisión, me decían para alentarme. Mi amiga Lupita, que ya había participado en esta clase de competencias, se convirtió en mi guía en este nuevo mundo. También me enseñó los ejercicios que necesitaba para acentuar más mis músculos y terminar de quemar la grasa que quedaba en mi cuerpo. El ejercicio no le molestaba a mi pareja; por el contrario, a veces me acompañaba al gimnasio. Pero con la dieta ya se estaba aburriendo. El gusto por la comida y la bebida habían sido muy importantes en nuestra relación. Era algo que nos unía. Las salidas a cenar y a beber una cerveza eran constantes, nos divertíamos bastante. Pero desde que comencé la dieta y empecé a entrenar para este nuevo reto tuve que suspender esos planes.

Llegó el día tan esperado. La forma de mi cuerpo había mejorado mucho. El ejercicio concentrado había desarrollado mis músculos. Y eso lo podía ver en mi trasero, en mis piernas y en mi vientre. La competencia era un lunes festivo, el día en que se celebraba "Memorial Day". Teníamos que estar a las cinco de la mañana para registrarnos; después debíamos retocar el bronceado; como en los concursos de belleza, los culturistas deben maquillar su cuerpo para que luzcan mejor en la tarima, poner color a la piel ayuda a los músculos a verse en todo su esplendor. El proceso es todo un arte. Desde el color que se elige hasta el brillo que se aplica es importante. Yo tenía que ponerme el bronceador el día anterior y retocarlo minutos antes del concurso. Con todo esto en mente decidí irme con un día de anticipación y alquilé dos cuartos en un hotel de Venice Beach.

Llegamos muy animados con mi hijo, un amigo al que él invitó y mi pareja. Estuve ocupada varias horas sometiéndome al bronceado. Cuando regresé al hotel mi novio me dijo que quería ir a comer y a tomarse unos tragos; ya se había tomado un par de cervezas mientras me esperaba. Pero lo único que yo deseaba en ese momento era descansar, estaba cansada de toda la correría del día y tenía que despertarme muy temprano; además, no podía tomar nada de líquido. Mi negativa fue como un baldado de agua fría para Carlos, él siempre había tenido a una novia que lo seguía en casi todas sus peticiones. Me recriminó diciendo que ya no podía compartir una cena con él.

A mi novio le gustaba el resultado que la dieta y el ejercicio habían hecho en mi cuerpo, pero no le agradaba cómo estaba afectando la cotidianidad de nuestra relación, ya no éramos los compadres que se iban a beber juntos. Ahora que lo pienso ¿realmente mi novio pensaba que una muestra de apoyo era una invitación a comer y a beber el día anterior a una competencia, donde tenía que tener el estómago totalmente plano? En ese momento salió a relucir la Nora que siempre complacía a los que la rodeaban, la que dejaba sus cosas por ir detrás de los deseos de los demás. Con el bronceado aún secándose en mi cuerpo y mi estómago vacío le pregunté:

—¿Quieres que nos vayamos para la casa?, no era sarcasmo, era una pregunta de derrota.

La respuesta no salía de su boca. Antes de que la discusión siguiera subiendo de tono me fui para el baño. Estuve un rato mirándome al espejo, molesta con lo que estaba pasando. Me detuve y observé en mi reflejo a la Nora que me gustaba, la luchona, la que no se rinde ante la adversidad. Y decidí que no era la hora de rendirme. Yo sabía que no era el gran concurso, pero para llegar hasta ahí me había esforzado mucho, había hecho una dieta estricta y me mantuve haciendo ejercicio por horas. Muchas veces tuve ganas de soltar las pesas y regresar a casa pero ya había logrado llegar a las 108 libras bien moldeadas. Me aguanté el dolor, no desfallecí ante el cansancio, entonces: ¡¿Por qué tenía que renunciar?!

No era la primera vez que por amor me ponía en ese predicamento. Años atrás cuando nos fuimos a vivir a Menifee con el padre de mis hijos, decidí tomar cinco trabajos para que mi esposo pudiera ir al colegio y estudiar. Yo no había terminado la preparatoria, y pensaba que no era lo suficientemente inteligente para poder seguir una carrera. Así que era mejor sacrificarme para que él persiguiera sus sueños. Siempre me mantuve como un soldado fiel al pie del cañón, pensando en librar la batalla para que mi pareja ganara la guerra. El problema no fue que pospusiera mis estudios por apoyarlo económicamente, sino que mi ex-esposo descargó totalmente la responsabilidad de mantener el hogar en mis hombros. Y además decidió abandonar la escuela. Yo no hice ningún reclamo. No entendía en ese momento que el amor de pareja no significa el sacrificio de los sueños de ninguno de los dos. Después de unos veinte minutos de reflexión, de regresar al pasado para darle un vistazo a los errores que había cometido, salí decidida a decirle a mi novio que si quería irse lo podía hacer. Cuando abrí la puerta llena de coraje, dispuesta a cantarle la tabla, vi a Carlos durmiendo. Aún molesta me acosté junto a él. Al otro día madrugué muy animada para enfrentar esta aventura, lo que no presentía era que ese simple concurso marcaría mi vida por siempre.

Entrenando

"Nuestro cuerpo es nuestro templo y debemos tratarlo con respeto"

Álbum personal, 2014.

6.

UN NUEVO MUNDO

LAS PASARELAS no me dan miedo. Aprendí a caminar con gracia cuando era modelo de promoción de diversas marcas. Los tacones los manejo muy bien desde adolescente, esas pulgadas de más me hacen lucir de estatura mediana, eso ya es mucha ganancia. Ponerme un bikini tampoco es para mí un obstáculo, ni siquiera cuando parecía que estaba embarazada por la gordura que tenía. Con esas pequeñas ventajas llegué a mi primer concurso de físico culturismo.

En mi primer desfile sentí que los años pesaban, y es que competía contra 20 mujeres de todas las edades. Algunas apenas habían pasado la mayoría de edad. Obvio, yo era de las viejitas. Comenzó el desfile y la presentación de mis músculos. Si, de eso se tratan estos concursos, de ver quien tiene mejores músculos. Para ser honesta nunca me había detenido a detallar cómo, con el ejercicio, se forman estos tejidos que son los responsables, en gran medida, del movimiento. Como en un reinado de belleza, del total de participantes se escogen cinco finalistas. Yo estaba tan feliz de haber recuperado mi cuerpo, incluso de estar mejor que cuando era joven que ya me sentía ganadora. De repente entre las cinco finalistas dijeron Nora Reynoso. ¡No lo podía creer! No recuerdo si al final quedé en la quinta o cuarta posición, de lo que estoy segura es que no estuve entre las tres primeras. Pero en ese momento no me interesaba, estaba tan orgullosa de haber llegado hasta allí que parecía que me hubiera llevado el primer lugar.

Con esa emoción participé en la competencia de Master Bikini. El número de concursantes era casi el mismo. Sin embargo, esta vez todas mis contrincantes tenían más de 35 años, una competencia más justa para la edad que tenía, eso pensaba en ese momento. La rutina fue la misma, la diferencia fue que cuando el jurado me incluyó otra vez entre las cinco finalistas, la energía y la adrenalina invadieron mi cuerpo; los hechos habían superado cualquier expectativa. Estaba satisfecha con mis logros. Aunque superar a quince mujeres parece un triunfo banal, sentí que recobré la confianza que había perdido a través de los fracasos de la vida. También entendí que tenía el poder de decidir qué me llevaba a la boca. El orgullo que sentía de mi misma aumentó cuando escuché nuevamente mi nombre; estaba entre las tres finalistas. El sonido de los aplausos y la gritería del público aún resuenan en mi cabeza y me hacen emocionar. Quedé en el tercer lugar y recibí mi primer premio por cuidar mi cuerpo.

Al salir de allí todo era algarabía y para celebrar nos fuimos a un restaurante. Irónico, pero así es la vida. Quería comer unos nachos y los acompañé con un cóctel. No debí haberlo hecho. Fue como darle una patada directo a mi estómago. Ese fue un aviso de que las cosas se deben tomar con calma y que no se puede jugar con el cuerpo. Como siempre, aprendí la lección tarde. Creo que la vida quería retarme para que siguiera en el camino de cuidar mi cuerpo y de paso mi espíritu. Regresé a casa con mis pequeños triunfos y un dolor de estómago.

A los días fui a despedirme de la entrenadora. Pensé que ya había terminado esa aventura pero antes de que pronunciara una palabra ella me propuso que continuara compitiendo, que tomara otras seis semanas de entrenamiento para perfeccionar mi forma y llegar mejor preparada a la próxima competencia. Ahora se que la estrategia era parte de su negocio. Tras una semana de no hacer dieta, volví a restringir mis alimentos y tener seis comidas al día. Mi propósito era competir en la liga aficionada de físico-culturismo natural (INBA PNBA). En esta liga no se pueden tomar pastillas para adelgazar o formar músculos.

Durante esos días Carlos estaba muy amoroso, sabía que la había regado en el hotel. Adoraba verme bonita y ahora no sólo su novia era la dueña de una compañía de caza recompensas sino que también era una mujer admirada por su cuerpo y su constancia. Pasaron seis meses donde la vida parecía regresar a la normalidad. Aunque el dolor de perder a mi mamá seguía en el fondo de mi corazón, el ejercicio y los retos que me traían la práctica del deporte me habían hecho entender que no podía dejarme caer, que a mi mamá no le gustaría verme así.

En ese tiempo Carlos trató de ser el hombre perfecto, me acompañaba en casi todos mis proyectos. Hacíamos meditación, ejercicio y ya no necesitábamos el alcohol para sentirnos felices. Volví a competir y me llevé el primer lugar en mi división, participé en otras categorías donde volví a arrasar y ser la mejor. Como parte de los premios recibí las credenciales para convertirme en profesional.

Yo no creía que a mis 40 años me pudiera pasar esto. Era una abuela y una mujer con bastantes tropiezos en la vida a punto de volverse profesional en algo. Andaba en las nubes y me quedé allí disfrutando un buen tiempo. Hasta el dueño de la organización, Denny Kakos, se acercó a ratificar mi buen momento.

—Te ves increíble, tienes que seguir así.

Esas palabras me reiteraron que estaba en el camino correcto. Decidí agarrar esta oportunidad y relanzar mi vida.

Mucha gente comenzó a llamarme para preguntarme cómo había transformado mi cuerpo y cómo le había hecho para mantener mi negocio a flote. Había personas que me decían que yo los inspiraba, me parecía algo increíble. Nora, la mujer humilde de Inglewood, era un modelo a seguir. Mi mamá se hubiera sentido orgullosa, pensé en ese momento.

7.

LA JEFA

EN MEDIO del entusiasmo con el físico-culturismo llegó otra oportunidad. El carro de mi compañía tenía pintada mi foto y la de unas modelos que me ayudaban a hacer la publicidad. Mi novio estaba manejando por el área del Estadio de los Dodgers, en Los Ángeles, cuando un productor de televisión se le acercó a preguntarle sobre el negocio. Ante las explicaciones de Carlos, el hombre quedó muy interesado y aseguró que se comunicaría con nosotros para hablar sobre una propuesta para realizar un programa de televisión. Inicialmente no le presté mucha atención pero a los pocos días el productor llamó y concertamos una cita, quería hacernos una propuesta para realizar un reality show. La idea era que en cada episodio contáramos la historia de la fuga de un sospechoso, la persecución y su arresto.

La idea nos entusiasmó a todos los que trabajábamos en la compañía de caza recompensas. Mi novio y yo seríamos los protagonistas. Mi hija, su novio, y un sobrino que trabajaba para mí, completaban el elenco. El proyecto despegó rápidamente. En menos de dos meses estábamos grabando el piloto, el papá de mi novio prestó su casa para realizar algunas tomas, el lugar era muy bonito y espacioso para filmar.

Por esa época ya tenía 10 años con mi propio negocio y unos 12 trabajando en fianzas, la experiencia se me notaba. Yo era el cerebro detrás de ese negocio, por algo se llamaba Nora's Angelz. Nadie ponía en duda que yo era la que mandaba, de lo que no me había dado cuenta era de qué "tanto se notaba que yo era la jefe".

El productor y el director querían capturar el realismo de uno de nuestros arrestos y nosotros tratamos de actuar como siempre lo hacíamos. La verdad es que la mayoría de las personas que son arrestadas y salen libres con una fianza cumplen su cita en la corte y el dinero con el que se respaldó al cliente se recupera. De allí vienen las ganancias del negocio. Pero siempre hay uno o dos que no cumplen con la cita ante la justicia. A algunos les da miedo y otros definitivamente saben que pueden enfrentar una larga condena, entonces deciden huir y convertirse en prófugos. Estos últimos casos eran los que le interesaban a los creadores del show.

La planeación de estos arrestos no toma mucho tiempo, se tienen que hacer con rapidez para evitar que el sospechoso decida huir a otro estado o fuera del país. En general, la persona que ha contratado la fianza y la respalda económicamente hasta con su casa, es la que pasa la información de dónde se encuentra el fugitivo. Esos operativos se llaman arrestos civiles, los caza recompensas tenemos la autoridad de detener a esas personas y llevarlas de regreso a la cárcel. Vamos armados; aunque la idea es que no tengamos que disparar, estamos entrenados para hacerlo.

Desde que empecé en este negocio sabía que era un trabajo arriesgado. Sin embargo, no fue sino hasta un arresto que hice sola que entendí el peligro que uno enfrenta. Fue un domingo cuando me llamaron a darme una pista sobre el lugar en que se encontraba un joven prófugo acusado de delitos relacionados con drogas. El familiar del muchachito que había pagado la fianza me pasó la información, le dije que nos encontráramos en una esquina cerca del lugar. Antes de ir traté de contactar a algún miembro de mi equipo para que me acompañara. Todos estaban ocupados o muy lejos para llegar. Yo sabía que si no iba a detener a ese fugitivo perdería una gran cantidad de dinero, así que no tuve otra opción. El vecindario donde supuestamente estaba escondido el prófugo era un lugar con fama de peligroso, lleno de pandillas y de vendedores de droga. Cuando Ignacio, como se llamaba el familiar, me vió llegar sola se sorprendió. No lo dejé ni respirar, ni que dijera una sola palabra, no quería que se acobardara, necesitaba que me acompañara.

—¡Vamos!, le dije y seguí caminando.

A los pocos minutos estábamos entrando a un edificio de muy mala apariencia, el apartamento estaba en un segundo piso. Ignacio se quedó detrás de mí mientras yo tocaba la puerta. Abrió un joven que no era el que yo buscaba. Cuando pregunté por el fugitivo, el muchacho me contestó de mala manera que no estaba y quiso cerrar la puerta. Como en las películas, metí el pie rápidamente impidiéndole cerrar la puerta, con la mano me abrí paso y entré. Detrás venía Ignacio temblando del miedo. En la sala había otro joven que se asustó al verme armada. Cerré la puerta y les dije en tono agresivo.

—Dígale que salga, ¡Yo sé que está aquí!

—Ya le dije que no está, repitió el muchacho que me abrió la puerta.

—Entonces me voy a quedar hasta que llegue.

Una de las habitaciones tenía la puerta cerrada. Pensé que el fugitivo estaba escondiéndose.

—¿Quién está ahí?

—¡Nadie!, respondió el joven.

Yo sabía que me estaban mintiendo, así que abrí la puerta. En el cuarto había un tercer joven, estaba dormido, me acerqué para verlo. No era el fugitivo. Ese chico ni siquiera se dio cuenta que yo había entrado al lugar, las drogas lo tenían inconsciente. Al reconocer que no era mi sospechoso regresé a la sala y pregunté por el jefe.

Los muchachos me miraban extrañados, no lograban comprender qué estaba pasando. ¿Cómo era que yo sabía quién era el que mandaba? Agarré un celular que estaba sobre la mesa y les ordené que lo llamaran. Al principio no querían ni tomar el teléfono, mi mano seguía estirada insistiendo que me obedecieran. A todas estas, Ignacio estaba en un rincón con la cara pálida, parecía que se iba a desmayar. El que me abrió la puerta tomó el teléfono y cuando le contestaron le rapé el aparato.

—Estoy buscando a un "cliente" que no se ha presentado en la corte, sé que es uno de sus muchachos, sólo quiero que venga conmigo, le dije al jefe.

Sin perder un segundo continué hablando en tono amenazante.

—Si no lo encuentro voy a traer a la policía y a todas las autoridades que me encuentre en el camino.

Al otro lado de la línea, el que era el jefe de estos muchachos me contestó muy calmado.

—Deme dos horas y regrese por él.

Terminé la llamada y cuando le entregué el teléfono al joven, lo sentencié.

—Regreso en dos horas.

Antes de irme tomé varias fotografías de la droga que tenían y de sus rostros. Salí enojada, detrás venía Ignacio, ya se le veían las venas de lo transparente que estaba. Cuando bajé las escaleras comencé a sentir que las piernas me flaqueaban. Pero no dije nada. Llegué a mi carro y le dije a Ignacio

— No se preocupe, yo vengo por él en dos horas.

Me subí al carro, encendí el motor y me marché a buscar a alguien que viniera conmigo. Cada vez que recapitulo este hecho de mi vida me pregunto: ¿Qué habría pasado si esos jóvenes me golpean y me quitan el arma, o si el jefe llega, o que tal que estuvieran armados y me disparan? Siempre me doy la bendición cuando recuerdo ese momento y le agradezco a Dios porque no me pasó nada. Me prometí que no volvería a exponerme de esa forma. A las dos horas regresé con uno de mis muchachos y efectivamente el prófugo estaba allí. No opuso resistencia, vino con nosotros, lo entregamos en la cárcel y recuperamos el dinero.

Esta clase de historias y vivencias era la que los productores estaban buscando. Algo que pudiera atraer al público. El problema es que no todos los días estábamos persiguiendo un fugitivo. Así que para el piloto tuvimos que improvisar, inventarnos un caso y pensar que teníamos un fugitivo. Comenzamos a grabar el show. A medida que la filmación avanzaba el lente de la cámara mostraba que la jefe de este grupo era la más bajita de todo el grupo. A pesar de ser tan baja de estatura era yo la que daba las órdenes, manejaba a mi antojo el operativo y mi novio obedecía.

Un día al final de la grabación nos pusimos a mirar las tomas, recuerdo que hasta mi suegro estaba allí. Las imágenes evidenciaron que en esa compañía y en la relación, yo llevaba las riendas y el mundo de Carlos giraba a mi alrededor. Me sentí un poco incómoda. Sin embargo, yo sabía que mi novio se había enamorado de la mujer fuerte, la heroína que iba a capturar a los malos. En ese momento fue que me cayó el veinte de que mi novio era 17 años menor que yo. Él tenía 25, yo estaba por cumplir 42.

8.

NO LO VÍ VENIR

EL PRIMER día que vi a Carlos me pareció un hombre muy guapo y varonil. Sus seis pies de estatura, con su cuerpo tan bien formado y sus ojos grandes y vivarachos ayudaron bastante para que me fijara en él, a pesar de ser tan joven. Después de echarle el ojo descubrí que era una persona de muy buen corazón, de sentimientos genuinos y honestos. Además era un tipo muy maduro para la edad que tenía. Con el tiempo me di cuenta de que lo más importante era que me quería de verdad. Podía decir que me sentía amada. Carlos se convirtió en la pareja perfecta, me ayudaba con mis hijos, mi negocio, me ayudaba con los gastos, aunque no tuviera mucho dinero. Cuando comenzamos a vivir juntos, él apenas ganaba mil dólares cada quincena. En esa época los gastos mensuales de la casa llegaban a los diez mil dólares. Él prácticamente me daba todo su cheque. Aunque yo tenía que responder por el 80% de los pagos, era feliz.

Los padres de Carlos me conocían y aceptaban nuestra relación. De mi lado mi mamá le dio su bendición a regañadientes, ella hubiera preferido a otro. Mis hijos le tenían un gran aprecio y se la llevaban muy bien con él. Mis amistades lo integraron rápido al grupo. En definitiva "todo el mundo quería a Carlos". El único obstáculo que había era que él quería tener hijos, y yo ya no podía. Sin embargo, el asunto fue quedando en el olvido y comenzamos a hacer una pareja muy feliz. Éramos el uno para el otro; tan completos que la diferencia de edad no se notaba. Parecía que él me quitaba los años para hacerme ver más joven y él verse más maduro.

A mediados de octubre los productores habían terminado de grabar el piloto. Teníamos que esperar unos meses a ver si algún canal quería comprar la idea. Como no dependíamos económicamente de esa posibilidad, nuestra vida regresó a la normalidad. Llegó diciembre, la época de mi cumpleaños. Esta vez había mucho que festejar, todo estaba bien, teníamos salud, el negocio estaba dejando ganancias, mi hija había regresado a vivir a casa con mi nieta, y yo seguía haciendo físico culturismo. Quise celebrar con pocas personas, solo invité a mis amigas más cercanas. Recuerdo que fue un domingo. La gente llegó temprano. Preparé una comida y como seguía entrenando y haciendo ejercicio no estaba tomando nada de alcohol, así que no hubo ningún licor en la reunión.

Después de la cena y de un brindis abrí los regalos. Carlos me había dado una tarjeta muy bonita. La leí en voz alta:

—Yo siempre te voy a querer, si algún día lo dudas voltea a mirar tu estrella y ahí estaré yo.

Al terminar de leerla tenía los ojos aguados, mis amigas estaban derretidas por la declaración de amor. Le di un beso y agradecí esas palabras tan hermosas.

A las ocho de la noche ya todos se habían ido, algo extraño si lo comparábamos con las celebraciones anteriores. Recogimos los platos y subimos a la habitación. Me puse la pijama. Él se quedó con su ropa, dio unas vueltas por el cuarto, y de repente me dice:

—Tenemos que hablar.

Me senté en la cama con un sentimiento extraño, no sé cómo describirlo, no entendía lo que estaba pasando. El continúo diciendo:

—Me tengo que ir.

Seguía confundida, sin presentir por un instante a qué se refería.

—¿A dónde te vas?, le dije.

Pensé que quería salir temprano para el trabajo. Pero no era así. Repitió varias veces que se tenía que ir. Yo estaba perpleja, atónita, perdida. Él aprovechó ese momento y respiró, como tomando fuerza y sin mirarme siguió hablando:

—En estos días tuve tiempo para reflexionar y darme cuenta que estoy viviendo en tu mundo y no en el mío.

No se cuanto tiempo se tomó para decirme todo esto, tal vez fue menos de un segundo, o tal vez fue una eternidad. Yo estaba literalmente con la boca abierta escuchándolo mientras él seguía hablando, disparando sus razones.

—También me di cuenta de que quiero tener familia... Yo te quiero mucho... ¡Pero me tengo que ir!

Recuerdo que apenas alcancé a balbucear

—Pero si no hemos tenido ninguna pelea. ¿Por qué te vas?

Para ese momento ya no había nada que hacer, Carlos había decidido terminar con la relación. Sus últimas palabras antes de marcharse terminaron de golpearme.

—Me voy así, como estoy, sin nada.

Sólo alcancé a decir: ¡No te vayas!

Pero él salió de la habitación sin voltear a mirarme. Me quedé sentada en una esquina de la cama. Había algo dentro de mí esperando que todo eso fuera un mal chiste y que Carlos regresara diciendo que era una broma tonta.

Los segundos pasaron hasta convertirse en minutos, después llegaron las horas y yo estaba allí como suspendida en el tiempo. Las lágrimas salían sin control pero no sentía que estaba llorando. Quedé paralizada del miedo, sin poder moverme, sin creer lo que estaba pasando. El hombre de mi vida, mi marido, mi novio, mi todo, se había marchado.

9.

EL DOLOR INVISIBLE

PASÉ TODA la noche despierta. La luz del día llegó y mi mente estaba paralizada, estupefacta por lo que había pasado. Al parecer mi cuerpo decidió tomar las riendas de mi vida y me levantó de la cama como si nada hubiera pasado. La noche que Carlos se fue mis hijos estaban durmiendo. Ninguno se dio cuenta de lo que había pasado, tampoco notaron que él ya no estaba en casa. Su salida fue tan silenciosa que nadie advirtió su ausencia. No recuerdo exactamente qué hice ese día, debió ser un lunes como cualquier otro; mi hijo asistió a la escuela, mi hija se fue a trabajar y a mi nieta la cuidaba su padre; así que desde temprano me quedé sola en casa. Todos imaginaban que Carlos estaba trabajando y que yo estaba lidiando con las cosas de la compañía. No se detuvieron a observar mi rostro hinchado de tanto llorar, no tuvieron un instante para ver que mi mirada andaba perdida buscando al hombre que me había dejado la noche anterior.

O tal vez mis hijos no ignoraron mi sufrimiento sino que yo traté de evitarlos encerrándome en el baño y dejando correr el agua de la ducha, eso siempre funciona.

Así pasaron cuatro días. Nadie sabía lo que había pasado con Carlos, creo que ni yo misma entendía la situación. No recuerdo nada de lo que pasó en esas 96 horas de mi vida. Es como si ese tiempo se hubiera ido detrás de él. Sólo tengo pequeños destellos en mi memoria de sentir una opresión en el pecho y un vacío que recorría todo mi cuerpo. Esa sensación no me dejó comer, tampoco creo que me tomé un vaso de agua y lo más difícil fue que no pude conciliar el sueño.

Al finalizar el tercer día estaba hablando por teléfono con un proveedor, que me estaba confeccionando unas camisetas de promoción para el negocio de las fianzas, fue él quien se dio cuenta de que algo no estaba bien. Yo soy una mujer calmada, no suelo gritar, ni elevar la voz. También trato de ser muy amable con las personas que trabajan conmigo, me gusta que digan que soy una chica a todo dar. Ese día las cosas fueron diferentes.

En medio de la conversación el proveedor me interrumpió con una voz airada.

— ¡Cálmate! ¿Qué te pasa?, me preguntó.

Yo estaba hablando muy rápido y gritando, había perdido el control de mis emociones. Traté de calmarme y corté la llamada rápido. En segundos la mente volvió a estar en blanco y no puedo recordar qué hice hasta el día siguiente. Era un 19 de diciembre, no he podido olvidar esa fecha. Irónicamente es lo poco que recuerdo de ese día.

Tuve que llevar a mi hijo y a uno de sus amigos a una iglesia en Temecula. Ellos dicen que regresé a casa y luego fui a recogerlos. Todo parecía estar normal. Lo único raro es que estaba lloviendo, algo extraño en California. De regreso comencé a buscar mi gato por toda la casa, y no lo encontré. En algún momento decidí salir a la calle y terminé golpeando en la casa del vecino de enfrente. El hombre, de unos 45 años, de vez en cuando me echaba una que otra mirada coqueta, a pesar de estar casado. Yo sólo sonreía ante los atentos saludos. Mi vecino tenía dos perros y de vez en cuando mi gato decidía pasar por su casa para alborotar a los canes. Tal vez fue eso fue lo que me hizo pensar que el vecino tenía que ver algo con la desaparición de mi gato, estaba segura que le caía gordo y que de repente le había hecho algo. Toqué la puerta y el hombre salió muy atento. Sin pedir permiso me metí a la casa gritando una serie de incoherencias y llamando al gato. El pobre hombre trató de hacerme entrar en razón pero yo seguía buscando a mi mascota. De los gritos pasé a la violencia física, comencé a romper cosas dentro de la casa exigiendo que me regresara el gato.

De repente me desmayé. Quedé tendida en la mitad del piso. No se cuanto tiempo pasó pero debieron ser varios minutos en los que estuve inconsciente. Cuando abrí nuevamente los ojos mi hijo estaba parado frente a mi. Mi vecino había ido a buscarlo para que me ayudara en esa bochornosa situación. Pero fue inútil. Lo peor estaba por empezar.

No pude reconocer a mi hijo. Sólo veía a dos hombres tratando de levantarme. Lo primero que se me vino a la mente era que me habían violado; comencé a gritar con todas mis fuerzas, no paraba de acusar al hombre que estaba al frente de haberme abusado. Mi hijo y el vecino trataron de controlarme pero yo estaba como loca, me puse de pie, los empujé y salí corriendo por la parte trasera de la casa. Salté una verja y llegué al patio de otra vivienda, allí me caí y me embarré. El vecino atemorizado ya había llamado a la policía y mi hijo se había comunicado con su hermana para que viniera a ayudarlo en esta situación.

A mí lo único que se me ocurría hacer era rezar y pedirle a Dios que no permitiera que me atraparan. Sentía que estaba al borde de un abismo, a punto de caer al infierno. Pensaba que me querían violar una y otra vez. En medio de mis oraciones llegó la policía. Ese momento tampoco está en mi memoria. Después me contaron que a los dos agentes les costó mucho trabajo controlarme a pesar de mis escasas

115 libras. Tanto el vecino como los agentes pensaban que yo era drogadicta y que tenía una sobredosis. Los policías me esposaron y me subieron a la patrulla, en medio de esta escena llegó Crystal, mi hija.

Los agentes estaban dispuestos a arrestarme pero mi hija pudo convencerlos de que lo que yo necesitaba era atención médica, que no consumía drogas y que era una caza recompensas que conocía muy bien la ley. Supongo que mi estado era tan patético que los policías accedieron a llamar a la ambulancia. El vecino estaba tan consternado con la situación que no quiso insistir con que me detuvieran. Cuando los bomberos y el servicio de emergencia llegaron yo me sentí aliviada, de eso sí me acuerdo.

Mis hijos habían llamado varias veces a Carlos al celular pero él no había contestado. Ellos pensaban que mi novio no tenía a mano el teléfono. Después me contaron que apenas entramos al hospital optaron por llamar a la casa de los padres de Carlos para avisar lo que me estaba pasando. El padre les contestó y les contó que nos habíamos separado. Dicen que fue muy cortante con sus palabras y que les advirtió que Carlos no pretendía atender la llamada, ni ir al hospital.

Esta noticia debió dejar atónitos a mis hijos. El hombre que vieron como parte de la familia por cuatro años, su amigo, el novio de su mamá, se había ido sin decirles nada. En medio de la decepción, esta información les ayudó a entender un poco y atar cabos sobre lo que estaba pasando. Hoy me apena que mis hijos hayan presenciado esa escena; para un joven debe ser muy impactante ver a la mamá tumbada en una camilla de hospital, delgada hasta los huesos, con la ropa llena de lodo y mojada, el cabello despeinado y la mirada perdida. Así estaba mientras esperaba que un médico de la sala de emergencias me atendiera.

Una amiga de Crystal, que se enteró de lo que estaba pasando, hizo rápidamente un diagnóstico, una valoración de esas que no tienen nada que ver con el estudio de la medicina sino con la sabiduría del alma.

—Seguro que tu mamá no ha comido nada en estos días, tienen que darle algo de comer.

En el hospital no me habían dado ni un vaso de agua. Mi hija compró un sandwich y me lo comí sin poner ninguna objeción. Dicen que justo en ese momento pregunté por Carlos, una y otra vez. No recordaba nada de lo que había pasado con él.

—¿Mamá, tú estás así porque Carlos se fue?, me preguntó mi hija.

Aunque ella repitió la pregunta varias veces, yo no la escuchaba, sólo quería que lo llamaran.

—Háblale a Carlos, quiero que venga, le insistía a mi hija

Después de esperar un largo rato en la sala de emergencias un médico me evaluó, fue una consulta rápida en la que no encontró ningún problema físico, por esa razón decidió enviarme a un hospital especial para personas con problemas psiquiátricos donde debería permanecer en observación.

Tuvimos que aguardar varias horas para que me llevaran a ese lugar. Durante ese tiempo no quise hablar con nadie, preferí estar sola. No tenía hambre, no tenía sed. Por fin me trasladaron al hospital psiquiátrico y nuevamente un médico me evaluó.

—¿Sabes por qué estás aquí?, preguntó.

No sabía qué contestar. Tras un silencio, el médico hizo otra pregunta, un cuestionamiento que hasta el día de hoy me retumba en la cabeza.

—¿Te quieres quitar la vida?

Nunca pensé que alguien me pudiera preguntar eso, siempre había sido una mujer que "supuestamente" buscaba lo mejor para mí; aunque la situación estuviera difícil tenía una sonrisa en mi cara, una buena actitud, siempre amando el hecho de estar viva.

—¡No, no me quiero suicidar!, le contesté sin dudar.

El doctor me explicó que debía permanecer 12 horas en el psiquiátrico para que pudieran observar la evolución de mi estado emocional. Aunque no me diagnosticó, me advirtió que podía ser bipolar o sufrir de esquizofrenia. En ese instante sus palabras no significan nada para mí.

El hospital a donde me llevaron pertenece al Condado de Riverside; allí encontré personas con problemas mentales muy graves. Me impactó ver a un hombre, como de unos 6 pies, que tuvieron que sacar de una sala atado de pies y manos. Algunos pacientes tenían la mirada perdida, como si estuvieran ausentes, en otro mundo.

Decidí sentarme en una esquina, sola y alejada de todos y de todo; tenía mucho frío, me arropé con una frazada y cerré los ojos como para transportarme a mi pasado, a ese tiempo en que era feliz con mis hijos, mi mamá y mi novio. Lo único que quería era regresar a mi hogar.

Después de las doce horas llamaron a mi hija para que fuera a recogerme. No tengo memoria de haber tomado medicina, tampoco de haber comido, seguramente todo eso se quedó en el olvido; no creo que alguien desee recordar su estadía en un sitio tan deprimente. Crystal me llevó a casa, ella seguía sin saber cómo lidiar conmigo, estaba muy angustiada porque sabía que su mamá no estaba bien. En medio de su desesperación decidió llamar a Gabby, una de mis mejores amigas de la infancia. Aunque ella vive en Texas por esos días estaba de visita en el Sur de California.

Un día antes de navidad Gabby llegó a mi casa.

—¿Qué te pasó, Nora? ¿Se te rompió la canica? me preguntó mientras me miraba tratando de encontrar a la amiga, a la mujer que conocía por más de dos décadas.

Mi aspecto y mi actitud preocuparon tanto a Gabby que al poco rato de estar conmigo decidió llamar a su hermana, psicóloga profesional, para pedirle consejos y asesoría. Una vez supo los motivos de mi estado depresivo, la hermana de Gabby recomendó que me quitaran el celular, las llaves del carro, el dinero y la identificación. También indicó que era muy importante que me hicieran dormir. Yo ya estaba empezando a preguntar por Carlos, era como si de repente regresara en el tiempo y no recordara lo que estaba pasando. Un círculo vicioso de pensamientos del que no quería salir.

Mi amiga trató de conciliar conmigo, de hacerme entender que ella sólo quería ayudarme y que no iba a hacerme daño. Con la aprobación de mi hija, Gabby me dio una combinación de Benadryl y melatonina para que me ayudara a dormir, pero el efecto resultó ser todo lo contrario. A los pocos minutos de haberme tomado las pastillas me puse histérica, perdí el control, lloraba y gritaba al mismo tiempo; en medio de la angustia pedí que me llevaran al hospital. Todo esto frente a mis dos hijos, mi nieta y mi amiga.

Gabby creyó que lo mejor para mi era tratar de controlar este nuevo arrebato en casa. Aprovechó un instante en el que estaba calmada o que ya se me habían acabado las fuerzas de tanto gritar y me llevó a mi habitación, yo me acosté en la cama a llorar. Ella se sentó a mi lado a consolarme; me quedé dormida en su regazo, como una niña a la que le da una pataleta y necesita que su mamá la consienta. De vez en cuando me despertaba asustada, sin saber dónde estaba. Lo único que me ayudaba a dormir eran los apapachos de mi amiga, sus abrazos y sus palabras de aliento con las que me aseguraba que ésto iba a pasar, que todo estaría bien.

Por fin amaneció. Era 24 de diciembre, víspera de navidad. Desde pequeños mis hijos estuvieron acostumbrados a celebrar el nacimiento de Jesús. Nuestro hogar era el punto de reunión de amigos y familiares; en la mesa siempre hubo cena, postres y dulces; la casa debía estar limpia y muy arreglada; Los regalos aparecían mágicamente debajo del árbol a media noche. Ese ha sido el único 24 de diciembre que en mi casa no hubo celebración.

Mi amiga me propuso que fuéramos a nuestro antiguo vecindario en Inglewood, allí donde aún vive su familia y muy cerca del hogar de mi padre. Sin pensarlo dos veces dije que sí, que quería irme con ella; empaqué algo de ropa en la maleta y salí de casa dejando atrás a mis hijos. Había algo dentro de mí que quería salir de allí, me imagino que quería alejarme de los recuerdos.

El viaje de Menifee a Inglewood es de casi dos horas en auto. Llegamos después de medio día a donde los padres de Gabby. Esa misma tarde pasamos a visitar a mi papá; para él era extraño verme en estas fechas por su casa, sin mis hijos y sin mi novio, él sabía que Carlos no se me despegaba. No creo que se haya dado cuenta de mi estado emocional, o tal vez si. Nunca le he preguntado.

Cuando una de mis hermanas se enteró de mi estancia en el hospital, sólo atinó a decir que me metieran en el manicomio. Ella se había alejado de la familia desde la muerte de nuestra mamá y no quiso volver a tener contacto con nosotros; parecía que nos culpaba por el fallecimiento de nuestra madre. Aunque sus hijos trabajaban conmigo, la comunicación con ella era nula. Por obvias razones su fría reacción no me sorprendió. Me despedí de mi papá y regresamos a la casa de Gabby. Parecía una niña chiquita a la que llevan de visita a donde un familiar y la están cuidando todo el tiempo para que no vaya a hacer una travesura. Y como temen que haga una pataleta es mejor terminar la visita temprano y llevársela. Mi amiga me había quitado el celular, la cartera, y por supuesto no tenía carro, entonces me sentía como secuestrada.

Llegó navidad y como dice la canción: navidad y yo sin ti, en esta soledad. No había que ser un brujo para saber que ese día me iba a dar otra crisis, comencé a llorar y a pedir que me llevaran a mi casa. En medio del alboroto que estaba armando, Gabby habló por teléfono con una amiga que tenemos en común; no se dio cuenta que yo estaba escuchando.

—Está muy mal, ya no sé qué hacer con ella-, le dijo muy angustiada.

Tanta fue la preocupación de mis amigas que decidieron hablar con un vecino que había pasado por una severa depresión. El hombre les recomendó que me llevaran donde su terapeuta. En la mañana del 26 de diciembre, Gabby me llevó de regreso a casa y le dio los datos a mi hija para que consiguiera una cita con la especialista. Para colmo de males, a Crystal ya se le había terminado el poco dinero en efectivo que tenía; yo era quien se hacía cargo de todas las cuentas y manejaba el dinero de mi hogar. En esa época, los gastos de mi casa sumaban casi 10 mil dólares al mes. Entre el pago de la casa, los servicios, los seguros de la compañía de fianzas, los teléfonos y la comida, la cuenta llegaba a los cuatro dígitos. Sin dinero, Crystal tuvo que pedir prestado para poder pagar los $350 dólares que costó la cita con la psicóloga. Llegué a la consulta sin ser muy consciente de lo que sucedía.

—¿Tu que piensas de lo que pasó con Carlos?, fue lo primero que preguntó.

Me quedé muda

—¿Sabes que él te dejó?, insistía, como queriendo empujar la daga que tenía atravesada en el corazón.

—¿Por qué quieres ver a Carlos si él no estuvo contigo en un momento tan difícil de tu vida?

Pero yo no quería entender. Sólo repetía que él iba a regresar.

El diagnóstico de la terapeuta fue más alentador que el que recibí en el hospital. Al parecer, tenía una psicosis reactiva breve. Este padecimiento consiste en un despliegue súbito y de corta duración de comportamiento psicótico, como alucinaciones o delirios, que ocurre por un suceso estresante. Para mí, lo más importante de este diagnóstico era que la persona puede o no ser consciente de su comportamiento extraño. Eso justificaba mi errático proceder y mi resistencia a aceptar que Carlos me había dejado. El hecho de no haber comido ni dormido bien agravó el padecimiento. Todo esto lo entendí mucho después.

Al terminar la sesión la terapeuta me recetó unas pastillas para relajarme; debía regresar en una semana para seguir con la charla. Crystal fue honesta con ella, le dijo que no tenía dinero para pagar esa medicina. El amor por Carlos me estaba arrastrando por los caminos de la desdicha y la desgracia y por situaciones realmente decadentes. La terapeuta me tuvo que regalar unas pastillas de muestras gratis.

Al llegar a casa, Crystal trató de que me las tomara. Yo no quería hacerlo.

—No estoy loca Crystal, no me voy a tomar estas pastillas, le dije enojada.

Mi hija no paró de insistir hasta que me las hizo tragar con un poco de agua. No puedo decir que sentí un efecto inmediato. Lo único que me pasó fue que comencé a evidenciar que estaba a punto de terminar el año y, lo más importante, no había preparado ninguna comida. Por fin regresé a la cocina y me preparé un sandwich de jamón y queso, recuerdo que me gustó. Como que tenía ánimo de comer. Y decidí hacer unas enchiladas para despedir el año, es una de las recetas que mejor me quedan.

Todo parecía regresar a la normalidad. Una amiga de San Diego llegó con su novio a saludarme. Yo estaba conversando tranquila con ellos hasta que mi amiga nombró a Carlos. El sólo hecho de escuchar su nombre me revolvía la mente. Como si me desconectaran una parte de mi cerebro y no pudiera entender la realidad que estaba viviendo. Y Nuevamente volvía a preguntar por mi novio.

¡Sí!, todos estaban desesperados con mi actitud. Ya habían pasado casi 15 días desde que él se había ido de la casa y yo no quería aceptarlo. La situación ya había llegado a un punto tan insoportable para los que me rodeaban que mi hijo me gritó en la cara.

—Mamá, Carlos se murió... se murió... ¡entiéndelo!

Lo único que atiné a razonar era que mi novio había muerto y por eso no estaba en casa.

—Eso es lo que pasa, ¡Carlos se murió! Y ustedes no me querían decir.

Aunque era la primera vez que esta amiga tenía que lidiar con mi problema, ella fue la encargada de hacerme caer en cuenta del espectáculo tan patético que estaba haciendo.

—Tu hijo te está diciendo eso es para ver si por fin entiendes que Carlos se fue, ¡te dejó!

Las palabras de mi amiga me cayeron como una cachetada. Después de mil veces de haber escuchado que Carlos me había abandonado, por fin me di cuenta del ridículo que estaba haciendo al no admitirlo. Mi amiga se marchó y yo recibí el año 2014 viendo películas; algo muy parecido a lo que pasó cuando mi mamá murió.

Pero al menos mi mente ya entendía que la relación se había terminado. Eso sí, aún quedaba un sin sabor en ese episodio, la necesidad de una explicación, quería saber por qué Carlos había tomado la determinación de dejarme. Tal vez él ya me había dado la respuesta o estaba guardada muy dentro de mí y yo no me había dado cuenta.

En medio de la ansiedad y la depresión que me provocaba la situación había algo dentro de mi que me pedía que hiciera ejercicio. Inconscientemente mi espíritu escuchó esa voz interior y todos los días me levantaba temprano y me ponía la ropa que utilizaba para ir al gimnasio, el único problema era que hasta ahí llegaba. No salía de la casa, me apoltronaba en el sofá a ver televisión. Así pasaron los días hasta que mi hija decidió marcharse con mi nieta.

—Mamá, necesito mi espacio, me dijo tratando de que el golpe no fuera tan duro.

—Tengo una hija y no puedo permitir que te siga viendo derrotada y en esta situación.

No era la primera vez que mi hija se mudaba de la casa. Cuando mi mamá murió ella también se fue buscando mejores rumbos. Sin la nieta a mi alrededor tenía más tiempo para ver películas; pero eso sólo fue posible hasta cuando hubo electricidad en la casa. Por varias semanas el negocio prácticamente se paralizó, nadie estaba trabajando y las cuentas se estaban acumulando sobre la mesa de la cocina. Una de mis principales herramientas de trabajo es el teléfono. Allí es donde la gente llama para pedir asesoría y solicitar nuestros servicios. Pero si nadie contesta, si no se regresan las llamadas, difícilmente los clientes van a llegar a tocar la puerta del negocio.

El problema con el teléfono era que cada vez que lo agarraba me daban ganas de llorar o de llamar a Carlos. Ahora entiendo la desazón que produce esa tentación de marcar un número con la única esperanza de escuchar la voz de una persona al otro lado de la línea, o al menos percibir el sonido de su respiración. Tenía ganas de robarle a Carlos ese poco de aliento de vida que necesitaba para poder arrancar nuevamente con mi existencia. Me quedé con los deseos, Carlos había cambiado el número de teléfono y cancelado sus redes sociales. Sus padres también le habían pedido a mis hijos que dejaran de llamar porque él se encontraba muy mal. Como madre entendí que mis suegros quisieran apoyar a su hijo y que hicieran respetar su decisión. Pero todas esas razones no me quitaban las ganas de llamar hasta que un hecho concreto me impidió hacerlo, !me cortaron la luz! Por primera vez en quince años, desde que había comprado la casa, me atrasaba en los pagos de los servicios públicos y en la cuota del banco.

El desamor estaba a punto de hacerme perder una de las cosas por lo que más había luchado en la vida. Mi casa es el símbolo de mi duro trabajo, de mi tenacidad, de lo que puede lograr una madre soltera de dos hijos que no terminó la secundaria. Además es una casa hermosa, tiene cinco habitaciones, una sala grande, una cocina espaciosa y está decorada a mi gusto; el patio está lleno de plantas con flores que junto a la piscina hacen de ese espacio mi pequeño paraíso. El hecho de no tener luz me mostró la sombría realidad que estaba viviendo. La luz que siempre me caracterizaba estaba apagándose. No había de otra, tocaba comenzar a responder las llamadas de los clientes que buscaban salir de la prisión para que, irónicamente, yo pudiera salir de la celda donde estaba metida. El único problema era que no tenía donde cargar el celular.

Pasaron varios días en los que no hice nada; yo pensaba que cargando de vez en cuando el teléfono y contestando alguna llamada me estaba recuperando. Al menos ya era consciente de que mi ex novio no había muerto, que me había dejado. Eso ya era un gran paso.

Con Carlos teníamos una buena relación, éramos un pareja que hablaba mucho sobre nosotros, siempre intentábamos solucionar nuestros problemas; pensándolo bien, en los cuatro años que estuvimos juntos no tuvimos muchas discusiones. Desarrollamos una gran solidaridad, siempre estábamos pendientes el uno del otro; cuando alguno tenía un problema o una dificultad el otro, incondicionalmente, estaba a su lado apoyándolo. Fue él quien me salvó del intento de violación que sufrí. El príncipe que rescata a la princesa. Meses antes de este incidente, ya me había acompañado a lidiar con la muerte de mi madre. También me quiso gorda y con 15 años más que él.

—Entonces, ¿Qué pasó?, me preguntaba todos los días.

Los por qué se habían vuelto una rutina en mi mente. ¿Por qué había decidido irse? ¿Por qué no me dejó hablar en ese momento? ¿Por qué no quiso saber mi opinión? ¿Por qué dejó de amarme? ¿Por qué, por qué, por qué? Como mi mente no encontraba ninguna respuesta para todas esas preguntas que me acosaban, decidí ir a buscarlo. Ahora, repasando los hechos no creo que estuviera buscando volver con él. Sólo quería una explicación.

Él se había mudado a casa de sus padres. La familia de Carlos tenía una residencia muy bonita, era casi una mansión. Manejé hasta el lugar, iba un poco angustiada, no sabía lo que me iba a encontrar. Desde la calle pude ver que él estaba parado en el balcón que daba a la entrada, de inmediato reconoció mi carro. Me acerqué nerviosa y estacioné en una entrada muy elegante. No alcancé ni a bajarme del carro cuando toda mi seguridad se vino al piso al escucharlo.

—Vete, no te quiero ver, me dijo.

—Carlos lo único que quiero es hablar contigo, tenemos que hablar, respondí mientras terminaba de bajarme del carro, apresurando los segundos para no perderlo de vista. Realmente él no quería hablar conmigo, se le notaba. Pero yo insistí.

—Carlos ven un momento, le supliqué.

Él me interrumpió... como nunca lo había hecho en los cuatro años de relación.

—¡No! Vete, ya te dije que no quiero verte.

Sin decir nada más dio media vuelta y entró a la casa. Me dejó allí parada, sola, sin ninguna respuesta. Claro, yo aún no entendía que las respuestas no las tienen los demás, siempre están dentro de uno. Incluso, creo que ni siquiera Carlos tuviera en ese momento una explicación a mis preguntas. Se estaba protegiendo en la casa de sus padres como un niño asustado que no quiere afrontar la situación. Bueno, pero qué podía esperar, en aquel entonces Carlos apenas tenía 26 años, mientras que la mujer que esperaba que él bajara del balcón tenía 42.

La edad no era la barrera entre nosotros, era lo que queríamos de la vida. Él anhelaba tener hijos; yo no quería y tampoco podía, me había operado hacía casi quince años. Tal vez Carlos quería trabajar duro para tener su propia empresa y una casa escogida a su gusto.

Ninguna de esas justificaciones llegó a mi mente mientras lo veía desaparecer en el interior de su casa; lo único que podía pensar era que había tocado fondo. Me sentí muy sola. Sin ninguna otra cosa que hacer subí al carro y manejé hacia mi casa.

10.

NO TODO ESTABA PERDIDO

EN ESOS DÍAS Nora Verónica no existía, era como si me hubiera desvanecido. La mayoría de mis amistades dejaron de llamarme y visitarme. Era algo lógico, yo ya no tomaba licor y no era la reina de la fiesta, la realidad era que ya no había fiestas. Para mis hermanos era como si no existiera, mis hijos andaban en sus rollos. El único que estaba ahí era mi papá, pero en su condición de viudo no era justo con él ir a contarle mis penas de amor. En medio de la soledad comencé a aceptar que había tocado fondo, que había caído tan abajo que la única opción que tenía era subir. Como cuando te tiras a una piscina profunda y logras tocar el piso. En ese fondo solo hay dos posibilidades, te quedas ahí y te ahogas o subes y tratas de flotar. Y eso fue lo que hice, intentar mantenerme a flote. Pagué la luz y comencé a poner al día mis finanzas, no fue tan fácil pero la vida te ayuda.

Tratando de salir del encierro y vestida con ropa para hacer ejercicio, hice mi primera visita al gimnasio. Estaba flaca, muy flaca. A diferencia de cuando mi mamá murió, ahora la falta de comida y de agua me estaban dejando en los huesos. Después de ir al gimnasio decidí pasar donde la entrenadora que me había enseñado el mundo del culturismo. Apenas me vio me hizo poner el bikini. Estaba asombrada de la delgadez de mi cuerpo, no sabía por lo que había pasado. Lo primero que se le ocurrió fue proponerme que participara en un concurso que se realizaría en los próximos días. Su entusiasmo era lógico, por cada concursante que inscribiera había una comisión para ella. A mí lo menos que me preocupaba era que alguien obtuviera una ganancia conmigo. Realmente era hasta positivo que algo bueno saliera de todo este episodio de dolor.

Nuevamente dije que sí, que quería participar. El entusiasmo no era el mismo que la vez anterior, lo único que quería era mantenerme ocupada. Comencé a hacer ejercicio; la dieta prácticamente la estaba haciendo desde que volví a comer todos los días, en realidad no me daba mucha hambre. Todo eso fue como comenzar de nuevo pero teniendo la experiencia de cómo se hacía. Por ejemplo, en mi negocio tenía que salir en la madrugada a pagar una fianza, pero ahora lo hacía sola. Durante el tiempo que estuve con Carlos él siempre me acompañaba o hacía el trámite. Ahora, nuevamente yo tenía que hacerlo todo, como al inicio de mi negocio.

En el entrenamiento para el concurso fue lo mismo; decidí hacerlo sola en el gimnasio, sin la ayuda de la entrenadora. Comencé con la rutina para afirmar los músculos. El conocimiento de mi cuerpo y de lo que había logrado antes con el ejercicio me indicaron el camino a seguir y me impulsaron nuevamente.

—Tengo que retomar mi vida, tengo que hacerlo, me decía a mi misma cada vez que podía.

Al fin llegó el día de la competencia. Era un certamen pequeño. Yo había logrado sacar uno que otro músculo y con lo flaca que estaba terminé luciendo como si hubiera hecho un gran esfuerzo para llegar a esa forma. En el evento conocí a uno de los principales promotores de nutrición para atletas. Un tipo encantador llamado Bruce. Después de hablar varios minutos me dijo que su marca me podía patrocinar.

—Soy una aficionada, los patrocinios son para los profesionales, contesté a la sugerencia.

—Pues serás la primera amateur que mi empresa patrocinará, respondió.

La única exigencia que Bruce me hizo era que tenía que competir regularmente. El auspicio incluía el pago de las inscripciones de las competencias y los productos alimenticios.

La idea me emocionó, era un nuevo pequeño reto, algo que podía hacer por mí misma, no dependía de nadie para lograr mi meta. Incluso pensé que podía convertirme en profesional. Le conté a la entrenadora sobre el ofrecimiento y la idea de ascender a las competencias profesionales. Inmediatamente me advirtió que no me ilusionara, que tenía 42 años y que a esa edad era muy difícil saltar a las grandes ligas del físico culturismo.

Las palabras de la entrenadora no hicieron mella en mi nuevo proyecto. Así que comencé a trabajar de nuevo en mi cuerpo; esta vez ya era consciente de que quería abrirme camino en el mundo de los músculos.

En esos días, y como por cosas del destino, volví a saber de Gustavo Vargas, un reportero de televisión que había conocido años atrás. Gustavo trabajaba en deportes, así que sin dudarlo le conté de mi nueva aventura y, como lo había pensado, al periodista le llamó la atención hacer una historia sobre físico culturismo. Cuando mi entrenadora vio llegar las cámaras de televisión quedó fascinada; ella es una mujer de negocios y sabía que esta oportunidad le ayudaría para promover su empresa. Todo esto me hizo recordar ese mundo de las promociones de mi juventud, cuando desplegaba el encanto que tengo para hablar con la gente. Me gustó verme en televisión, físicamente ya me estaba recuperando, no se notaba que estuviera sufriendo una pena de amor y esas imágenes me dieron más ánimos para hacer mi rutina. Me concentré en cuidar lo que llevaba a la boca, siempre comía cosas saludables y tomaba el agua suficiente para estar hidratada.

Uno de esos días que andaba en mi rutina de trabajo físico me encontré con mi hijo. Le conté sobre mi nueva aventura, le dije que estaba muy entusiasmada con la idea de hacerme profesional en físico culturismo. Mirándome a los ojos me dijo:

—Mamá, ¿cómo me garantizas que todo lo que pasó no volverá a suceder?

Él se refería a todos esas épocas de delirios, llantos e histeria, en donde no quería entender lo que estaba pasando. Mi hijo tenía razón al hacerme esa pregunta, así, con ese tono frío, directo, sin tapujos. Esa fue otra cachetada para mí. De repente parecía que estuviera como espectadora viendo la película de mi vida en los últimos meses. Una serie de preguntas pasaron por mi mente, ¿Nora, eres estúpida? ¿Estás loca de amor? ¿No puedes vivir sin Carlos? rápidamente comprendí que la respuesta era: ¡No!, un ¡no!, rotundo. La verdad es que desde que salí de mi casa paterna yo no había necesitado de un hombre para subsistir, siempre fui la proveedora, siempre cuidaba de los demás. Entonces, ¿Qué me pasó? insistía mi mente en preguntarme.

Mi hijo interrumpió mi conversación interior y me dijo muy serio.

—Quiero que me garantices que esto no va a volver pasar.

Con esa exigencia me dejó, dio media vuelta y se fue. La condición de mi hijo, un chico de 17 años, se quedó en mi mente, especialmente la recordaba cuando entrenaba. Cada vez que hacía ejercicios aeróbicos como caminar o correr, me ponía a pensar sobre todo ese asunto. Cuando hacía pesas también tenía una charla conmigo misma. Estas rutinas íntimas le sirvieron mucho a mi cuerpo y a mi alma. Con tanta pensadera finalmente comprendí que yo veía en Carlos a mi salvador. Sí, él detuvo al violador que me estaba atacando y yo lo puse en un pedestal. Y ese era un problema que tenía no sólo con mi ex novio sino con otras personas; valoraba demasiado lo que los demás hacían por mí y no apreciaba mis aportes. Todavía quedaba un poco o mucho de esa inseguridad que me había dejado el haber abandonado la escuela, por creerme poco inteligente y tal vez por ser mujer. No era de las personas que se daba crédito a sí misma por lo que hacía. Sin embargo, ahora estaba apreciando un poco más el esfuerzo que hacía por mi y por los demás.

Llegó el día de la competencia en la que pretendía ganar la calificación para hacerme profesional. Ya no estaba famélica, mi cuerpo lucía delgado pero con los músculos fuertes y ya se comenzaba a ver que el levantamiento de pesas estaba haciendo efecto. Y !Oh Sorpresa! Me alcé con el primer lugar. Obtuve la puntuación necesaria para entrar a las ligas profesionales. Mi próxima meta era pertenecer al equipo que representa a los Estados Unidos.

Los profesionales en este deporte reciben premios económicos en sus participaciones; por lo general, los patrocinadores pagan las inscripciones, entre otras cosas. Así que dar ese paso me ayudó con mi situación financiera ya que no tenía que gastar dinero; por el contrario, podría recibir uno que otro premio económico. Esto me impulsó aún más a entregarme al físico culturismo. También estaba el hecho de que podía hacer algo por mí misma. Nadie te está ayudando a levantar esa pesa o a correr ese kilómetro extra. Entonces Nora veía frente al espejo los resultados de su propio esfuerzo.

En los siguientes meses me enfoqué en cómo ganar en mi categoría. Yo competía en la clasificación de "bikini", con la misma que gané mi primer trofeo en Venice. Tienes que estar delgado o, como dicen, al punto. Los músculos deben estar marcados pero la concursante no debe perder la femineidad. También tienen en cuenta la simetría, es decir, que el cuerpo sea proporcionado. Yo mido 5 pies, 2 pulgadas, (1,58 metros) y pesaba en ese entonces 115 libras; para destacarme en esa categoría mi trabajo tenía que concentrarse en mi trasero, algo que me faltaba un poco. Los senos ya los había solucionado hacía algunos años con implantes y con el ejercicio habían recuperado su fortaleza, incluso se habían hecho un poco más grandes. Entonces ahora el reto era equilibrar mis glúteos con los pechos. Las piernas tenía que fortalecerlas. Los músculos del vientre debía marcarlos un poco más. A pesar de que ya llevaba más de dos años practicando físico-culturismo aún no estaba segura de que podría lograr que mis nalgas aumentaran.

Suena un poco sarcástico pero traté de sacarme a Carlos de mi mente haciendo ejercicio para que mi trasero creciera. Ambas cosas las logré. La primera fue más sencilla, la segunda me costó un poco más. Olvidar a Carlos lo pude hacer en medio de las conversaciones conmigo misma, es como si lo hubiera cambiado a él por mi. Me enamoré de Nora y entendí que la relación con una pareja no iba a funcionar si primero no me quería a mi misma; sé que suena un poco trillado pero así me pasó. Lo de mis nalgas fue un poco más complicado porque necesitaba determinación, fuerza física y un poco de dolor. Uno de los mejores ejercicios para hacer que los músculos de las nalgas crezcan son las "sentadillas" sosteniendo una pesa sobre tus hombros. Yo comencé cargando 10 libras, después fui agregando paulatinamente otras 5, hasta llegar a cargar 185 libras. Literalmente eso fue más difícil que olvidar a mi ex novio, él ya no pesaba tanto en mi vida.

Por esa época estaba comiendo bastantes carnes. En el físico-culturismo existe la creencia que las proteínas animales son más efectivas que las proteínas vegetales para la construcción muscular. Mi dieta se basaba en muy pocos carbohidratos, mucha agua, vitaminas, algunos vegetales y carnes de res, pollo y pescado, este último me gusta mucho. La dieta que me había dado la entrenadora ya había quedado en el pasado. Comencé a interesarme en los alimentos, sus nutrientes y cómo podía ir reemplazando el menú de mis siete comidas al día.

Aprendí que las proteínas son indispensables para la vida y son responsables, en gran medida, del funcionamiento de los órganos; dirigen casi todos los procesos vitales, por ejemplo el crecimiento, además de la reparación de tejidos corporales, entre otras decenas de funciones La cantidad de proteína diaria en una dieta depende de la edad, peso y la actividad física de cada persona. El Instituto de Medicina de la Academia Nacional de Estados Unidos creó un sistema de nutrición llamado en inglés The Dietary Reference Intake (DRI), que recomienda lo que deberíamos ingerir en una dieta sana. De acuerdo a DRI, cada persona debe consumir diariamente 0,8 gramos de proteína por cada kilogramo de peso. Yo hice el cálculo. Para las 118 libras, 52 kilogramos aproximadamente, que pesaba en esa época, apliqué la fórmula [118 x 2.2 x 0.8] y encontré que debía consumir unos 42,4 gramos de proteína al día. Los especialistas dicen que esta es la cantidad adecuada para una persona de peso normal, que no hace mucho ejercicio. Pero yo era una atleta quemando una gran cantidad de energía, que además quería formar músculos.

Los entrenadores en físico-culturismo recomiendan consumir 1,5 del peso del competidor en gramos de proteínas. Siguiendo esas recomendaciones, estaba ingiriendo al día casi 200 gramos de proteínas. Seguí las indicaciones de mis compañeros de competencia con mucha disciplina. Cocinaba en casa y guardaba en el refrigerador las porciones que debía consumir cada día sin pasarme en un solo gramo. Tampoco cedía a la tentación de los famosos antojos que todas las personas tenemos justo cuando estamos tratando de llevar una dieta.

La dura rutina de ejercicio y dieta se fue convirtiendo en una situación fácil de sobrellevar. Si los astronautas o los soldados pueden resistir restricciones en su comida, ¿por qué yo no lo haría?, pensaba. Los triunfos llegaron pronto y comencé a hacer los puntos necesarios para ser parte del equipo de Estados Unidos. Mi vida nuevamente estaba tomando un buen rumbo, la excelente forma de mi cuerpo y la alegría que había regresado a mi espíritu me estaban abriendo puertas a nuevas aventuras. Un día me contrataron para ser presentadora de un concierto del cantante Ramón Ayala, "El

Rey del Acordeón". Y me contrataron para ser la imagen de varios productos, otra vez estaba modelando, sólo que esta vez tenía más de 40 años.

11.

LA HORRIBLE SALA DE EMERGENCIA

EN SEPTIEMBRE de 2015, a dos semanas de una de las competencias más importantes en el mundo del físico-culturismo, tuve uno de esos días muy ocupados. Me levanté temprano para arreglar una ropa porque ese día tenía una sesión de fotos. Antes de ir donde el fotógrafo pasé al gimnasio a hacer mi rutina de ejercicios. A esa hora ya había desayunado y tomado mis vitaminas. Cuando llegué al gimnasio sentí que el lugar comenzó a dar vueltas, una sensación muy parecida a la que sentí cuando estaba escogiendo el ataúd de mi mamá. Como en aquella ocasión decidí irme al baño. Apenas alcancé a entrar cuando vomité. Algunas mujeres que estaban en el lugar se acercaron a preguntarme cómo me sentía, estaba en el suelo a punto de desmayarme. Traté de tomar fuerzas para levantarme pero la debilidad y el mareo no me dejaban. Supe que no podía salir sola de esta situación, que necesitaba ayuda. Le pedí el favor a una de las mujeres que buscara a un amigo al que había visto cuando entré al gimnasio. La joven salió apresurada mientras yo trataba de tomar aliento. Me preguntaba qué me estaba pasando. El malestar era tan fuerte que no podía razonar. Mi amigo llegó y me ayudó a incorporarme. Le pedí que me acompañara a mi casa, necesitaba recostarme un rato.

De camino, las ganas de vomitar regresaron. Mi cabeza seguía dando vueltas. Mi amigo estaba muy preocupado, insistió en preguntarme a dónde me llevaba. Por el estado en el que me vio, él creía que la sala de emergencia era el lugar a donde debería ir. Pero yo le insistí que quería ir a mi casa. Cuando llegamos, me ayudó a bajar del carro; yo no encontraba ni las llaves de la puerta. No alcancé a entrar cuando me tocó correr al baño nuevamente, quería vomitar pero en esta ocasión ya no tenía nada en el estómago. Por más de que trataba de arrojar ese peso que sentía atascado en mi garganta no salía nada por mi boca. Me sentía muy mal, el mareo no se me quitaba, estaba débil, apenas me sostenía sentada. Al ver que me iba a quedar sola preferí decirle a mi amigo que me llevara al hospital.

Mis recuerdos de esa sala de emergencia no eran muy buenos. La última vez había llegado al borde de la locura por el abandono de Carlos. Ya había pasado un año y medio, así que lo primero que el médico quiso saber era cómo me sentía emocionalmente. Respondí que bien, que la razón de estar allí era porque tenía muchas ganas de vomitar. Las condiciones físicas entre diciembre del 2013 y ahora eran muy distintas, tenía un poco más de peso, mis músculos estaban marcados, mi piel se veía muy bien, tal vez estaba un poco pálida. El único problema era el dolor, era demasiado fuerte.

Sin estar muy convencido de mi recuperación emocional, el médico me preguntó qué había tomado. Nada diferente a mi dieta natural, y las vitaminas de suplemento que tomaba. Me ordenó unos exámenes de rutina que no reflejaron ningún problema grave. Lo único que pudo decirme era que me veía deshidratada. El diagnóstico del doctor era acertado. Hacía dos semanas había tenido una competencia y para acrecentar las opciones de ganar suspendí la ingesta de agua, como en otras ocasiones. Los físico culturistas reducen el consumo antes de subir a una tarima. La idea es sacar toda el líquido posible para bajar de peso. El músculo seco resalta a la vista de los jueces. Este es el toque final del arte de esculpir el cuerpo.

La deshidratación comienza casi una semana antes de la competencia, algunos atletas consumen agua destilada. El consumo de líquidos se va reduciendo hasta casi nada. Apenas gotas para poder mojar los labios el día cero. Como ya sabía que estaba deshidratada, el médico no pudo decirme nada nuevo. Me recetó una medicina para el dolor, creo que era morfina. También me recetaron otras pastillas para digerir los alimentos, yo sabía que esto último no era el problema pero igual no le refuté; es el médico, los pacientes parece que no tenemos derecho a hablar; lo cierto es que aunque no estudiamos medicina algunas veces conocemos mejor nuestro cuerpo. Como a las doce horas me enviaron para la casa a descansar.

La medicina para el dolor hizo efecto. Cuando empecé a sentirme mejor decidí dejar de tomar las pastillas. Retomé el entrenamiento. Dos semanas después de la visita al hospital estaba desfilando en bikini en una competencia. Volví a deshidratar mi cuerpo. No iba a desfallecer en mi meta de hacer parte del equipo de Estados Unidos. Gané todas las categorías en las que competí. Regresé a mi hogar con varias medallas, trofeos y un dolor en mi vientre que apenas me dejaba respirar.

La escena de dos semanas atrás se estaba repitiendo, sólo que esta vez los síntomas eran peores. El trayecto fue el mismo. Nuevamente estaba en la sala de emergencia con un cuerpo que por fuera se veía espectacular pero por dentro estaba bastante mal. El médico revisó detalladamente mi expediente y por primera vez alguien, en ese lugar, me preguntó si practicaba algún deporte. En medio del deplorable estado en el que me encontraba pude contarle al doctor cómo me preparaba para poder ganar todos los triunfos que había conseguido hasta ese día. El diagnóstico esta vez fue más completo, por fin el médico sabía lo que me pasaba. Mi hígado estaba a punto de colapsar por la cantidad de proteína animal que estaba consumiendo.

El problema con las carnes rojas, o el cerdo, es que el sistema digestivo necesita más tiempo para poder procesarlo en comparación con los vegetales. El pollo y el pescado también están más tiempo en el cuerpo de una persona si lo comparamos con una zanahoria o una lechuga. Hay que recordar que por esa época estaba comiendo casi 200 gramos de proteína diaria. Una barbaridad. Mi hígado tenía "estrés" de tanto trabajar. Para colmo de males le había quitado el agua, que tanto necesita para poder funcionar. Literalmente me estaba matando. Tuve suerte de que mis riñones funcionaran. También habían podido colapsar. El hígado y los riñones funcionan como un dueto que si uno se desafina, el otro pierde el ritmo. Con este diagnóstico, el médico me dijo que no podía seguir haciendo mi dieta. Escuchar esto fue devastador, estaba a pocas semanas de llegar a la competencia para calificar por un cupo en el equipo nacional, de representar a Estados Unidos, de portar la bandera del país que me vio nacer. Yo era consciente de que no se trataba de los Juegos Olímpicos a donde van los mejores atletas del mundo; sin embargo, este concurso reúne a los mejores en el físico culturismo. Yo había logrado llegar allí después de muchos fracasos y con una edad avanzada para un atleta que apenas comienza.

Regresé a casa tratando de encontrar una salida para este problema. No podía seguir jugando con mi salud. De todas las cosas que me habían pasado en mi vida, esta segunda visita al hospital me asustó mucho, pensé que no iba a salir viva. Sabía que me estaba matando. Pero por otro lado, tampoco quería sepultar las ilusiones de llegar a las olimpiadas de físico culturismo. El mayor problema era el consumo de proteínas animales. Hasta ese momento nunca se me había ocurrido que las podía reemplazar por otro alimento con las mismas propiedades, así mi cuerpo las podría digerir sin hacer tanto esfuerzo. Coincidencialmente, mi hija llevaba más de un año siendo vegetariana y mi nieta también estaba asumiendo ese régimen alimenticio. Enterada de mi situación, Crystal me envió información variada sobre el funcionamiento de la dieta vegetariana.

Durante las siguientes semanas traté de recuperarme, reduje un poco el consumo de carnes rojas, las reemplacé con pescado. Los días se pasaron rápido. Cuando menos lo pensé ya estaba compitiendo. Mi condición no era la mejor, pero alcancé a llegar al cuarto lugar en mi categoría entre todos los participantes del país. Lo más importante fue que logré la calificación para pertenecer al equipo de Estados Unidos que iría en junio del siguiente año a Europa.

Apenas regresé a casa invité a mi nieta a comer. Quería romper la dieta, estaba antojada de comerme unos panqueques con tocino, ¡mis favoritos! Estaba por pedir la orden cuando mi nieta me agarra la mano y me dice con gran ternura:

— En el cielo no comen puerquitos. Mi abuelita Abelina dice que en el cielo no se comen estos animalitos.

Me quedé sorprendida con lo que me decía. Pero recordé que mi nieta acostumbraba a decir que ella hablaba con mi mamá, a la que llamaba abuelita. También aseguraba verla en las mariposas amarillas que pasaban por el jardín. No le prestábamos mucha atención a sus comentarios, pensábamos que eran cosas de niños. Algo cambió ese día, sentí que su experiencia era real y que en ese momento era un llamado para mí. Decidí cancelar la orden y me quedé pensando sobre todo este asunto. No quería dejar de practicar este deporte que me hacía sentir tan bien conmigo misma. Ya había ganado 21 trofeos y 19 primeros lugares. Pero sabía que si quería continuar debía hacer algo definitivo, así que tomé una resolución de año nuevo. El 2016 comenzaría a ser vegetariana. Saqué de mi dieta todas las carnes rojas, el pollo y el pescado. Sólo me quedé con los huevos, especialmente la clara que es la más saludable; también seguí consumiendo lácteos: leche, queso y yogur. El asunto ahora era poder mantener mis músculos sin comer proteínas animales. Muy pocos amantes del físico-culturismo profesional habían intentado ser vegetarianos, mantenerse en competencia y ¡ganar!

Como ya saben, cuando me propongo algo soy muy disciplinada. El brócoli fue uno de mis mejores aliados, 96 gramos de brócoli (1 taza) equivalen a 3 gramos de proteína. Ya pueden hacer las cuentas de la cantidad de tazas que tuve que comer para poder reemplazar las proteínas de la carne roja. Aprendí a prepararlo de varias maneras para no aburrirme de comerlo una y otra vez. Todo esto lo estaba haciendo consciente de que quería que mi cuerpo estuviera bien por fuera y por dentro. Fueron cinco meses de una buena dieta, y mucho entrenamiento todos los días. Había entendido que el cuerpo es como un instrumento musical mientras más lo afinas mejor suena.

Calificación al Equipo de Físico-Culturismo Natural de Estados Unidos, 2015.

Esta calificación me permitió participar en el Campeonato Mundial en Budapest, Hungría en 2016

Álbum personal, 2015

12.

¿CON QUÉ SE COME?

MI ESPÍRITU y mi cuerpo estaban en armonía. Ahora solo faltaba el viaje a las olimpiadas. Budapest, capital de Hungría, era el destino. Cuando escuché esa palabra pensé para mis adentros:

—¿Y eso con qué se come? ¿Dónde fregados queda esa ciudad?

Recuerden que no soy una mujer muy estudiada, y Budapest me sonaba a nada. No tenía ni idea donde quedaba. Me explicaron que era en Europa. Para mi eso ya era suficiente. Ese era el continente que siempre había soñado conocer. Desde que estaba con Carlos pensaba que algún día iríamos juntos a pasar una gran temporada por allí. Soñábamos con visitar Venecia, uno de los lugares más románticos del mundo; esa ciudad y París, creo, deben ser el deseo de todas las parejas. Pero ahora lo iba a hacer sola. Sin embargo, no me dio tristeza sólo un poco de ansiedad.

El equipo de Estados Unidos lo conformábamos doce atletas; otros miembros del grupo viajaban a participar como amateurs. Mis gastos y el pasaje aéreo lo costeaba mi patrocinador. Sin tener que preocuparme por dinero, lo único que tenía que hacer era estar preparada para ganar. Todas las gestiones sobre mi viaje las hizo una de mis compañeras, ella había participado un año atrás en Dubai, así que sabía como hacer los preparativos, incluso iba a llevar a su mamá. Yo le di el dinero y ella lo arregló todo.

Llegó el día del viaje. Aprendí que para estas competencias tienes que llevar tu propia comida. Como lo escuchan. Los atletas no saben si en el hotel donde se van a hospedar tienen todos los alimentos de su estricta dieta. Así que la mayoría de físico culturistas cargan buena parte de lo que será su comida antes de la competencia. Yo llevaba dos maletas, una de ellas con mis vitaminas y mis alimentos, varios huevos cocidos iban allí.

Con mi amiga quedamos de encontrarnos en el Aeropuerto Internacional de Los Ángeles. Yo estaba muy inquieta y emocionada, así que salí temprano de mi casa, con mis dos maletas y mis huevos, para recorrer las dos horas de camino hasta el aeropuerto. Allí me encontré con mi amiga y me entregó el boleto. Llegó el momento de abordar, de comenzar mi nueva aventura. Al pasar por el punto de revisión el oficial de inmigración me miró con extrañeza y me dijo ¡no puedes viajar con este pasaporte!

—¿Pero por qué?, dije mientras pensaba —Hasta aquí llegó mi sueño.

—El pasaporte está vencido.

No podía creerlo, había traído el pasaporte vencido; había renovado el documento meses antes, pero en medio del revoltijo y la prisa por salir me confundí y traje el pasaporte viejo. El avión despegaba en dos horas, el mismo tiempo que me demoraba en regresar a mi casa. No había forma de que lo lograra. Era un martes, supuestamente llegaríamos al día siguiente, descansaríamos el jueves y el viernes comenzaba la competencia. Aún tenía un día para poder viajar; sin más remedio me despedí de mi amiga y ella se marchó.

La aerolínea logró cambiarme el vuelo para el día siguiente. Con mi pasaporte nuevo, mis huevos y una maleta llena de esperanzas viajé sola, y con muy poca información de mi destino final. Mi amiga había planeado todo el itinerario, yo no me había preocupado por conocer algo sobre los detalles. Lo único que llevaba era la dirección del hotel, no tenía la más mínima idea de que idioma se hablaba en Budapest, tampoco sabía que tenía que cambiar los dólares a euros.

Un día antes de la competencia llegué a Budapest. Me sentía como la cenicienta que por primera vez mira el castillo.

No es una metáfora, esa hermosa ciudad está llena de antiguos palacios que quedan a la orilla del río Danubio. Las descripciones de los cuentos de hadas deben estar inspiradas en esa maravillosa ciudad. Y yo estaba allí, Nora Verónica Reynoso, la hija de Abelina, la caza recompensas, la físicoculturista vegetariana que estaba a punto de cumplir otro de sus sueños. Mi meta era ganar. La medalla se convertiría en el símbolo de la victoria conseguida después de muchas batallas perdidas.

Pero allí había otros quinientos participantes de diferentes países, todos con el mismo sueño y la misma determinación para lograrlo. Para mi llegar hasta allí ya era un triunfo. Llegó el día de la competencia y cada participante entregó lo mejor de sí sobre la tarima. Yo los observaba y me preguntaba ¿Qué tienes tú diferente para mostrar? No alcancé a responderme, anunciaron mi nombre y tuve que salir al escenario. En medio de mi demostración llegó esa respuesta que esperaba, me dí cuenta que cada uno de mis pasos, cada uno de mis movimientos, cada músculo de mi cuerpo, eran el reflejo de una búsqueda incesante para lograr la armonía y el bienestar de todo mi ser. Mientras esperaba la calificación me sentí vencedora, por lo menos ya era consciente del bien que me hacía cuidar mi cuerpo, y de paso mi espíritu. No me dí cuenta en cual momento pronunciaron mi nombre. Lo había logrado. ¡Gané!

Me llevé la medalla de oro en mi categoría. No fue sólo la presea colgando de mi cuello, los aplausos, el premio en dinero, era la sensación de triunfo, de la gloria de sanar mi espíritu, mi mente y mi cuerpo por fuera y por dentro. Lo mejor de toda esta historia es que a la media noche no se terminó el encanto. La carroza no se deshizo, ni la princesa salió corriendo. Por el contrario, después de ese gran día, se cumplieron otros sueños.

Medalla de Oro en la Categoría Bikini en el
Campeonato Mundial de Físico Culturismo Natural en
Budapest, Hungría. 2016.

*"Los sueños se hicieron realidad y abrieron el
camino a una nueva vida"*

Foto: Csakisti Photograpy, 2016.

13.

CONTAR MI HISTORIA

HAY UN REFRÁN que dice "nadie aprende en cabeza ajena". Algo así como que sólo se pueden encontrar las soluciones de tus problemas a través de tus propios errores. Antes de vivir esta odisea yo pensaba así. Creía que solo podía aprender de mis propias metidas de pata, hasta parecía que inconscientemente quería estrellarme contra el piso para poder aprender la lección y encontrar la forma de sobreponerme.

La alegría de coronarme campeona en Budapest me permitió ver la cadena de autodestrucción que estuve arrastrando por un buen tiempo. Tras la competencia, en medio del viaje que hice por Europa, entendí que el ser humano tiene tantas posibilidades de equivocarse en el transcurso de su vida, así como también las tiene para evitar todos esos desaciertos. Cuando llegué a Venecia, Italia, me preguntaba ¿por qué no escuché antes a Lupita? ¿por qué ningún médico me explicó la importancia de una buena alimentación para afrontar pérdidas como la de mi madre o la de mi novio? He debido prestar atención a todas las señales que mi cuerpo me envió antes de colapsar. Una acción a tiempo me habría evitado muchos dolores físicos y del alma.

Sentada en la Plaza de San Marcos, mirando el mar y las góndolas, hice un recorrido por los últimos años de mi vida, luego de la muerte de mi mamá, y encontré que la mayoría de mis problemas emocionales se originaron por la inseguridad que sentía en algunos aspectos de mi vida. Esa inseguridad también me impulsó a descuidar cosas tan básicas como mi alimentación e incluso, me llevó a consumir bebidas alcohólicas en exceso.

Recorriendo Venecia con mis amigas, sin ningún hombre al lado, confirmé que para ser feliz primero debía ser feliz conmigo misma y ese estado no depende de una pareja, ni de los hijos, ni de los padres, ni de la familia. Con esta reflexión regresé a California y seguí entrenando para poder competir al año siguiente; quería demostrar que esa medalla no había sido una cuestión de suerte. Esa vez la vida me llevó a Rimini, un pueblo costero de Italia. Este evento fue la Exposición de Físico-Culturismo más grande del 2017. Había más de tres mil asistentes, los atletas en competencia sobrepasaron los 500 de Budapest. Y nuevamente colgué en mi cuello la medalla de oro. La vida me estaba confirmando que no estaba equivocada, que las decisiones que había tomado con relación a mis hábitos alimenticios eran las adecuadas. Tenía 45 años y una vida enriquecida con nuevos retos.

Fue precisamente durante ese viaje que decidí contar mi historia. Me puse a pensar que sí podía evitar que al menos una persona cometiera los errores que me llevaron al hospital varias veces, todo este proceso valdría la pena. Quise contarle a todos aquellos que sufren de problemas alimenticios o de inactividad física que hay una solución, y que no es un reto imposible de lograr.

Bajar de peso, habituarse a una buena alimentación y hacer ejercicio, para muchos se convierte en una meta inalcanzable y muy aburrida. Son tantos los obstáculos que nos ponemos para cambiar nuestros hábitos que incluso pagamos para que nos ayuden a realizar ese propósito. Muchos se quedan en la mitad del camino o ni siquiera comienzan la carrera. Pero yo soy el ejemplo de que se puede alcanzar la meta. Ahora que conocen mi historia espero que se anime a seguir mis recomendaciones, y a recuperar su salud y el amor que debe tenerse a sí mismo.

Si cree que la edad es el problema, le recuerdo que ya había cumplido 41 años cuando hice por primera vez una dieta y comencé a hacer ejercicio; cuatro años después me gané una medalla de ¡oro! y fui mundialista por los músculos que había desarrollado.

Para aquellas personas de la tercera edad que están diciendo que ya no vale la pena preocuparse por el bienestar de sus cuerpos, les pongo de ejemplo a la gran Ruth Bader Ginsburg, la jueza de la Corte Suprema de Justicia de Estados Unidos, una mujer que a sus 85 años es una de las mentes más lúcidas de nuestro país. Ginsburg es una defensora acérrima del ejercicio, eso es lo que la mantiene tan vital siendo la mayor de los nueve jueces del máximo tribunal. Como la jueza, son decenas o centenares los casos de personas que a una avanzada edad se mantienen saludables haciendo ejercicio; ellos descubrieron que este hábito activan las hormonas que ayudan a mantener las ganas de vivir y la alegría.

En mi búsqueda de información para confirmar que mi campaña a favor del ejercicio no era un capricho aprendí que la Organización Mundial de la Salud (OMS) recomienda al menos 150 minutos de ejercicio moderado a la semana para personas de la tercera edad. Esto es el mínimo establecido para poder integrar a más adultos mayores al ejercicio. A pesar de estos llamados muchos hacemos oídos sordos hasta que un grave problema de salud nos ataca.

Y si la la edad no es el obstáculo para practicar ejercicio, la dieta tampoco lo es. Esta idea de que cambiar la dieta es imposible es una pared invisible con la que todos nos tropezamos; yo sé por experiencia cómo nos llenamos de pretextos. Las rutinas en la dieta también se pueden cambiar en cualquier momento y a la edad que sea. Las costumbres alimenticias tampoco son disculpa. A los 44 años transformé totalmente mi dieta, dejé de consumir todo tipo de carnes. Y eso no significó que tuviera que abandonar las recetas mexicanas de mi mamá, que son mi mayor afición; he podido mantener esas tradiciones culinarias sin problema, simplemente las he acomodado a mis nuevos gustos.

En la lista de excusas que la mente produce para asumir un cambio también está el dinero. Déjeme contradecirlo, no se necesitan muchos recursos económicos para cuidar de uno mismo. Como les decía, para establecer una rutina de ejercicios no se necesita tener un entrenador. Incluso, puede hacerlo desde la casa, sin ir al gimnasio. Y si hablamos de una buena dieta no se requiere mucho dinero para los ingredientes, al contrario, hasta se ahorra un poco. Lo único que se precisa es tener conciencia de lo que está llevando a la boca; "comer con propósito" siempre debe ser el lema.

Si tenemos una buena alimentación y una rutina de ejercicios estaremos preparados para enfrentar situaciones como la pérdida de un ser querido, el fin de una historia de amor o problemas más cotidianos como la falta de dinero o de empleo.

En mi trabajo como caza recompensas, pagando fianzas y sacando gente de la cárcel, veo a diario cómo de un momento a otro los problemas tocan a la puerta de las personas. No importa si son inocentes o culpables, las dificultades llegan y lo mejor es estar preparados mental y físicamente para afrontar esas situaciones.

Me tomó mucho tiempo y dolor descubrir la conexión que existe entre la felicidad, el estado de la mente y del cuerpo. No les voy a decir que desde que hago ejercicio y me alimento con un propósito no tengo problemas, sólo que los problemas se han hecho más llevaderos. Logro concentrarme en encontrar soluciones.

Mi experiencia de transformación se basa en una dieta de 10 días que permite rebajar de forma natural entre 8 y 10 libras durante ese período; la he diseñado para compartirla con ustedes. Muchas de las personas que han experimentado los resultados de los primeros 10 días, prolongaron la dieta hasta un mes pudieron disminuir entre 14 y 18 libras.

Otro de los beneficios de esta dieta, es que cuando la persona comienza a cambiar ciertos hábitos y sigue las recomendaciones no sufre del conocido rebote (volver a subir de peso), porque el organismo reconoce los beneficios del nuevo programa alimenticio y no rechaza los cambios. Además de rebajar de peso, aquellos que han hecho la dieta han podido dormir mejor, incluso algunas dolencias que los aquejaban comienzan a disminuir. Todo hace parte de un proceso.

Junto a la dieta de 10 días recomiendo una pequeña rutina de ejercicio que sirve para comenzar a acondicionar tu cuerpo y regresar a la actividad física.

Celebremos el hecho de estar vivos y no desfallezcamos en el intento.

ADVERTENCIA

Las recomendaciones incluidas en este libro incluyendo ayunos parciales, dietas y rutinas de ejercicio son producto de la práctica personal e investigación del autor, y no fueron diseñadas para tratar o curar enfermedades. Ninguna de las afirmaciones contenidas en este libro han sido evaluadas por la Administración de Medicamentos y Alimentos (FDA por sus siglas en inglés) o en ensayos clínicos controlados. Las personas interesadas en seguir las recomendaciones de este libro, en especial mujeres embarazadas, personas con antecedentes o trastornos de conducta alimentaria, pacientes con enfermedades endocrinas, y otros problemas de salud deben consultar previamente a su médico.

14.

EL AYUNO INTERMITENTE

EN ESTA BÚSQUEDA constante sobre los cuidados que se deben tener con la alimentación y de hacerlo con un propósito, encontré hace algunos años el ayuno intermitente. Esta rutina consiste en alternar periodos de ayuno con horas específicas en las que se puede comer. El propósito es regularizar el trabajo de nuestro organismo.

En nuestro proceso normal de alimentación, la comida que ingerimos termina en nuestras células para darnos la energía que necesitamos para funcionar. Si nuestras células no usan toda esa energía la almacena para usarla en otra oportunidad. Ese almacenamiento de energía es grasa. Pero cuando ayunamos, las células se ven obligadas a liberar esa energía almacenada y lograr sostener al organismo. Tras entender este proceso comencé a practicar el ayuno e integrarlo en mi rutina diaria con muy buenos resultados.

Hay varias propuestas de ayuno intermitente. Yo practico una de las rutinas menos drásticas. Este ayuno es conocido como 16/8 y consiste en ayunar 16 horas e ingerir alimentos durante 8. Así, mostrado en números estarán pensando que van a morir de hambre. Pero no es así. La primera advertencia es que a esas 16 horas de ayuno debes quitarle 8 horas de sueño promedio. Así que sólo quedan 8 horas en las que pueden tomar todo el líquido que quieran, exceptuando bebidas azucaradas.

El horario que recomiendo para este ayuno, y que se aplica a la mayoría de horarios de trabajo, es entre las 6 de la tarde y las 10 de la mañana del día siguiente. Durante este periodo de tiempo la persona no debe consumir ningún alimento sólido. Se puede tomar cualquier tipo de líquido que no contenga azúcar, como bebidas enlatas.

Si tiene problemas siguiendo el horario recomendado puede modificarlo de acuerdo a sus necesidades. Por ejemplo, si su desayuno es a las 9 de la mañana, la última comida deberá ser a las 5 de la tarde. Pero si la primera comida es a las 11 de la mañana, la última vez que se puede ingerir alimento sólido es a las 7 de la noche.

A continuación una lista de horarios que puede aplicar para su ayuno intermitente. Escoja una de las guías y trate, al menos, de mantener este horario de comidas por los diez días de la dieta.

PRIMERA COMIDA SÓLIDA	ÚLTIMA COMIDA SÓLIDA
6 AM	2 PM
7 AM	3 PM
8 AM	4 PM
9 AM	5 PM
10 AM	6 PM
11 AM	7 PM
12 MEDIO DÍA	8 PM
1 PM	9 PM
2 PM	10 PM

Espero que cuando descubra la efectividad de este ayuno parcial, lo acojan como una rutina diaria.

15.

COMER CON UN PROPÓSITO

DIETA DE 10 DÍAS

Este programa está diseñado con un ayuno intermitente 16/8, (dieciséis horas de ayuno y ocho horas en las que se consumen alimentos sólidos). Recomiendo utilizar el horario que inicia a las 10 de la mañana y termina a las 6 de la tarde. Como explique, en el capítulo anterior, si el horario no se ajusta a sus necesidades puede usar cualquiera de las propuestas de la lista.

Después de consumir la primera comida sólida, deberá alimentarse cada dos horas; es decir, un total de cinco comidas.

Recuerde que desde que se levanta hasta la primera comida sólida, en este caso las 10 de la mañana puede tomar sólo líquidos. La meta es tomar un galón de líquido al día.

Las bebidas permitidas son:

- *El agua pura o con limón.*
- *Té de hierbas que incluye menta (hierbabuena), jengibre, orégano, manzanilla, o los conocidos té negro (black tea) o té verde (green tea).*
- *Agua de Flor de Jamaica. Si quiere puede agregar canela.*
- *Café. Recomiendo agregarle manteca de cacao comestible o una cucharadita de aceite de coco. Esto le ayudará a quemar grasa.*

Esta dieta no contiene proteínas animales como carnes de res o cerdo, pescado, mariscos, pollo, huevos, ni productos derivados como la leche, la mantequilla, o el queso. También elimina la ingesta de azúcares procesados y restringe el consumo de pan o harinas procesadas. El consumo de bebidas alcohólicas está prohibido mientras se realiza la dieta.

Durante los primeros cinco días de este plan de comida se consume un jugo desintoxicante para limpiar el sistema digestivo. Este proceso de barrido se complementa con un batido que se tomará por los diez días como desayuno, esto ayudará a realizar un barrido y desechar los residuos acumulados en el intestino.

A continuación encontrará el modelo de dieta para un día y después una serie de recetas para que adapte a su gusto, su forma de cocinar y su economía.

Aconsejo planificar y cocinar los alimentos que va a consumir en tres días. La falta de programación nos lleva a elegir comidas poco saludables y supuestamente más rápidas. No deje que el hambre decida que va consumir. Cocine las porciones adecuadas y guarde sus alimentos debidamente refrigerados. Recomiendo utilizar sal de mar y pimienta cayena en la mayoría de sus comidas.

Recuerde alimentarse siempre con un propósito.

GUÍA
DIETA PARA UN DÍA

Consuma lo suficiente para saciar el hambre. Recuerde consumir líquido antes de comer y entre las comidas.

10: 00 am - Licuado de Papaya para desintoxicar. (obligatorio por los primeros 5 días)

Tome 2 onzas de papaya con semillas, añada dos onzas de agua y ponga a licuar. Tómelo frío.

10: 15 am - Batido de Col Rizada. (obligatorio por los 10 días de dieta)

- 2 puñados grandes de Col Rizada, (preferiblemente congelada)
- 1 cucharada de mantequilla de almendras
- ½ banana congelada
- 1 cucharada de proteína de base vegetal
- ½ taza de leche de almendras o agua
- 4 dátiles secos sin semilla

Licuar y tomar frío.

Recomendación: lave la col rizada para los diez días y póngala en el congelador. Al usar la col congelada la bebida tendrá una mejor textura.

Este batido ayuda a realizar un barrido intestinal porque posee una gran cantidad de fibra.

12: medio día - 4 Tacos de Fruta de Yaca (Jackfruit)

-   1 taza de pulpa de yaca
-   1 chile chipotle
-   2 jitomates
-   Sal y ajo al gusto
-   Tortillas de maíz

Cocine la pulpa de yaca por unos minutos en agua con un poco de sal y si quiere puede agregar pimienta de cayena. Licuar el chile chipotle junto a los tomates, sal y ajo al gusto para la salsa.

Puede añadir a los tacos cebolla, cilantro y lechuga al gusto.

Elija las tortillas de maíz que tengan menos calorías.

2: 00 pm - Salteado de Tofu

- ½ taza de tofu
- ½ taza de habichuelas
- ½ taza brócoli
- Cebolla cortada en tiras
- Aceite de coco.

Corte en pedazos los ingredientes. Coloque a freír la cebolla hasta que se haga transparente. En otro sartén ponga a saltear el brócoli, las habichuelas, después junte con la cebolla y agregue el tofu hasta que éste se ponga dorado. Esta comida se puede consumir caliente o fría.

4: 00 pm - Yogurt de almendras.

6: 00 pm - Repita una porción de saltado de tofu o 3 tacos de Yaca.

De postre coma 6 cerezas frescas, esto le ayudará a dormir

DIEZ RECETAS PARA UNA DIETA SABROSA

A continuación tiene 10 recetas que puede combinar para cada día. Recuerde cocinar para al menos tres días. Sirva sus alimentos en una taza o en un plato pequeño, esto le ayudará a pensar que está comiendo las cantidades necesarias.

Si elige comer tacos, recuerde usar tortillas que tengan la menor cantidad de calorías posible.También puede preparar una taza pequeña de arroz parbolizado o arroz integral.

No consuma arroz si eligió comer tortillas.

También encontrará tres recomendaciones para consumir como una botana entre comidas. Escoja las recetas que más le agraden pero siempre trate de incluir un alimento que tenga proteína vegetal. Por ejemplo: garbanzos, lentejas, frijoles pintos, quinoa, tofu, soya, o chía.

RECETAS

1 Avena para el desayuno (después del batido de col rizada) o la última comida

- ½ taza de avena
- 2 cucharaditas de chía
- ½ taza de fruta (preferible arándanos frambuesas fresas)
- ½ cucharadita de miel o agave
- Canela y extracto de vainilla al gusto.

Combine todos los ingredientes en un tazón, revuelva y deje al menos cuatro horas reposando. Es mejor si lo prepara la noche anterior y lo mantiene refrigerado. Cuando lo vaya a comer puede agregar bayas frescas. Puede comerlo frío o caliente.

2 Tacos de Rajas con Champiñones

- ½ taza de champiñones cortados en rodajas,
- ½ taza de rajas, los chiles ya deben estar asados.
- Tomate en pedazos grandes.
- Tortillas de maíz.
- Cebolla, cilantro, aceite de oliva, pimienta cayena, y sal al gusto.

Ponga a freír los champiñones junto al chile poblano en el aceite de oliva, agregue la pimienta y el tomate, y la sal. Déjelos cocinar hasta que estén a término medio.

Caliente las tortillas, agregue cebolla, cilantro, salsa de pico de gallo o salsa de aguacate. Puede agregar queso vegetariano.

3 Tacos de Vegetales

- Brócoli picado
- Zanahoria picada
- Calabaza picada
- Berenjena picada
- Cebolla picada.
- Sal, pimienta cayene, chile jalapeño al gusto
- Aceite de oliva.
- Tortillas de maíz.

Ponga a saltear la cebolla en aceite de oliva hasta que quede transparente, agregue los vegetales, la sal, la pimienta y los chiles. Deje cocinar los ingredientes hasta el término de su agrado. Caliente las tortillas y arme los tacos, agregue salsa de pico de gallo o aguacate a su gusto. Puede usar queso vegetariano si desea.

4 Tacos de frijoles con tofu

- ½ taza de frijoles negros en lata
- ½ taza de tofu desmenuzado.
- Tomate, comino, ajo y sal
- Aceite de oliva
- Tortillas de maíz

En un sartén sofría los frijoles en el aceite de oliva, agregue comino al gusto, después de unos minutos agregue el tofu. Licúe el tomate con ajo y la sal y agregue a los frijoles y el tofu, cocine por cinco minutos.

Caliente las tortillas y arme los tacos, agregue salsa de pico de gallo o aguacate a su gusto. Puede usar queso vegetariano.

5 Coliflor con cúrcuma

- 1 taza de coliflor,
- 1 cucharadita de pimentón, pimienta negra y pimienta cayena.
- 1 cucharada bien llena de cúrcuma en polvo
- 5 cucharadas de aceite de oliva extra virgen.

Corte el coliflor en pedacitos, agregamos las pimientas, el pimentón, la cúrcuma, y el aceite. Después colocamos 30 minutos al horno.

Puede acompañar el coliflor con arroz parborizado.
El polvo de cúrcuma lo puede usar en otras recetas si desea.

6 Ensalada de Lentejas.

- 1 taza de lentejas cocinadas (que no queden blanditas),
- ½ taza de zanahoria en cuadritos
- ½ taza de calabaza cortada en pedazos
- ¼ taza de maíz cocido
- Puede añadir lechuga si desea

Para la salsa utilice aceite de sésamo o de oliva, 3 cucharadas de vinagre, limón, una pizca de sal, azúcar y pimienta negra.

Agregue las lentejas a la vinagreta, después los demás ingredientes y revuelva.

7 Garbanzos con verduras

- 1 taza de garbanzo
- ½ taza de zanahoria en cuadritos
- ½ taza de calabaza cortada en pedazos
- Sal, laurel, cebolla, ajo, jitomate, chile serrano y pimienta cayena
- Aceite de coco o de oliva

Cocine los garbanzos con el laurel y un poco de sal. Cocine la zanahoria aparte. Fría la cebolla hasta que quede transparente agregue el ajo, el jitomate, y el chile, después agrega las calabazas espere que se cocinen a medio término, agregue los garbanzos cocidos y la zanahoria, y pimienta cayena deje freír por unos minutos.

8 Wraps de lechuga.

- 1 taza de garbanzos cocinados y macerados
- Cebolla picada, apio picado
- Mostaza y mayonesa vegana
- Sal y pimienta y polvo de cúrcuma al gusto. Manzanas o uvas y pasas (opcional)
- Hojas de lechuga romana.

Mezclar todos los alimentos, envolverlos en las hojas de lechuga romana.

9 Sopa de verduras y especies.

- ½ taza de cúrcuma en pedazos
- ¼ taza de apio pelado y cortado en pedazos pequeños
- 1 taza de zanahorias picadas y peladas
- ½ taza de maíz
- 3 patatas peladas y picadas
- Jengibre pelado y picado en pedazos al gusto.
- Pimientos rojos cortados en rajas al gusto.
- Cebolla, orégano, ajo, pimienta y sal al gusto.

Ponga en una olla con agua las especies como el jengibre y la cúrcuma, el ajo hasta que hierva el agua. Añada las verduras picadas, la sal y la pimienta al gusto. Si desea puede adicionar fideos.

Esta sopa es excelente en temporada de frío y de gripe. La mayoría de sus ingredientes ayudan a combatir el resfriado común.

10 Sopa de Brócoli

- 2 tazas de brócoli
- ½ cebolla en trozos grandes
- 2 papas medianas cortadas en pedazos
- Aceite de oliva
- Sal, ajo y pimienta al gusto

Cocine en agua las cabezas de brócoli con algunos de los tallos. Realice el mismo procedimiento con las papas. Sofría la cebolla en el aceite de oliva con el ajo picado. Licúe el brócoli y la papa con la cebolla y el ajo. Al final agregue sal y pimienta al gusto.

11 Salsa de Aguacate para Tacos.

- ½ aguacate maduro
- ¾ taza de cilantro
- Jugo de limón
- Ajo, sal, pimienta.
- Aceite de oliva

Licúe todos los ingredientes, añada un poco de agua para diluir si es necesario.

MERIENDA

La merienda de lo general es la cuarta comida, después del almuerzo y antes de la cena.

1. Jícama pelada y picada con limón y chile
2. Rodajas de pepino con sal, limón y chile.
3. Rodajas de berenjena con tomate al horno. Rallar el tomate, añadir orégano, pimienta y sal al gusto, colocar sobre las rodajas de berenjena y poner en el horno por 15 minutos.
4. Puede consumir yogurt, preferiblemente sin azúcar.
5. Cualquier tipo de frutos frescos son permitidos.

Tras la dieta de diez días puede incorporar un tipo de carne, preferiblemente pescado. Coma proteína animal una vez a la semana. Debe incorporar a la dieta alimentos como la espinaca, las coles de bruselas y la berenjena que aportan variedad de vitaminas a su dieta.

Intente continuar por 20 días más las recomendaciones alimenticias y el ayuno parcial, combinado con la sencilla rutina que recomiendo a continuación.

Para más recetas deliciosas visita mi canal de YouTube: *Nora Veronica Reynoso.*

16.

EJERCICIOS PARA AMAR EL CUERPO

RUTINA PARA 20 DÍAS

El siguiente plan fue diseñado para personas que se consideran principiantes en realizar rutinas de 30 minutos continuos de ejercicio. El objetivo es que el cuerpo se pueda adaptar para después realizar entrenamientos más avanzados.

Al igual que la dieta propuesta, este programa de ejercicio es sencillo y se puede realizar en casa. El número de repeticiones depende de la capacidad de cada cuerpo. No se preocupe si el primer día no logra hacer todos los ejercicios. La meta es que comience a realizar una rutina, y que pueda sentir el beneficio del ejercicio para su cuerpo con tan sólo diez días.

Recuerde que si tiene limitaciones para realizar ejercicio tiene que consultar primero con su médico. Todos los ejercicios descritos a continuación los puede observar con detalle en mi canal de YouTube: *Nora Veronica Reynoso*.

EJERCICIOS DE CALENTAMIENTO

El calentamiento y estiramiento es vital antes de hacer cualquier rutina de ejercicio. A continuación una serie de movimientos que debes realizar antes de la rutina de ejercicios, debe repetir cinco veces cada movimiento sugerido.

1. Cabeza
- Gire la cabeza de un lado a otro como si estuvieras diciendo no, hágalo con suavidad, intente tocar el hombro con su barbilla.
- Luego mueva la cabeza hacia arriba y hacia abajo, como si dijera un gran si.
- Doble el cuello tratando que la oreja toque el hombro.

2. Brazos y espalda
- Junte las palmas de sus manos sobre su cabeza, estire los brazos lo más alto posible y quédese en esa posición unos 5 segundos.

3. Hombros
- Mande las manos hacia atrás y júntelas sobre la espalda baja, estire los brazos y mueve los hombros hacia atrás hasta donde más pueda, manténgase 5 segundos.

4. Muñecas y tobillos
- Extienda los brazos hacia el frente y dibuje círculos con las muñecas en el sentido de las manecillas del reloj y luego al contrario.
- Realice el mismo movimiento con los tobillos.

5. Piernas
- De pie y con las piernas paralelas a los hombros, intenta realizar una sentadilla a medias, no debe bajar totalmente.

CUATRO EJERCICIOS PARA PRINCIPIANTES

Esta rutina de 4 ejercicios es para principiantes, o personas que no tienen un hábito establecido. Debe realizarse por lo menos 20 días seguidos. De cada ejercicio se tienen que realizar tres series. Cada serie tiene 12 repeticiones.

Entre cada serie puede tomar un descanso de treinta segundos a un minuto.

1. El Galope

- De pie, levante la rodilla derecha y el brazo izquierdo al mismo tiempo como si la rodilla y el codo se fueran a encontrar. No fuerce el movimiento.
- Regrese a la posición original y cambie de pierna y brazo.
- Este es uno de los mejores ejercicios para quemar calorías y adecuar al cuerpo a moverse.

2. Sentadillas

- De pie abra las piernas a nivel de las caderas, estire los brazos hacia adelante, trate de mantenerlos rectos, y comience a bajar como si fuera a sentarse en una silla, baje lo que más pueda. Trate de mantener la espalda recta. Regrese a su posición original.
- Las sentadillas sin peso son uno de los ejercicios más utilizados para ayudar al cuerpo a desarrollar la resistencia cardiovascular y muscular. Además, ayuda a quemar grasa.

3. Zancadas o "lunges"

- De pie coloque los pies ligeramente separados, las manos apoyadas en la cintura en forma de jarra y de un paso hacia adelante doblando las dos piernas hasta que

la rodilla de atrás casi toque el suelo. Ambas rodillas quedarán dobladas a 90 grados. Regrese al punto original.
- Realice la zancada con la pierna derecha 5 veces, y el mismo número con la pierna izquierda
- Este ejercicio ayuda a trabajar las piernas y los glúteos.

4. Flexiones en la pared

- De pie frente a una pared, estire los brazos hacia el muro y deje al menos diez centímetros de distancia entre el muro y la punta de sus dedos. coloque las manos sobre la pared como si estuviera haciendo flexiones en el piso. Lleve el pecho hacia el muro acérquese lo más posible, una vez ahí resista varios segundos y vuelva a la posición inicial. Este ejercicio le ayuda a trabajar el abdomen y a crear resistencia en los músculos.
- Después de realizar veinte días seguidos esta rutina de ejercicio su cuerpo estará listo para hacer ejercicios más complicados.

Consulte mi cuenta de YouTube: *Nora Veronica Reynoso*. Allí podrá ver otras rutinas que le ayudarán a comenzar a recuperar su condición y a crear músculo.

17.

EL INGREDIENTE INDISPENSABLE

Si ya está listo o lista para asumir este pequeño reto sólo me queda recordarle que ni el ayuno total, ni la dieta más estricta, ni el ejercicio por horas sirve si no se hacen con amor. Puede sonar demasiado romántico pero el amor por uno mismo es el ingrediente indispensable para lograr rescatarnos. En estos últimos años aprendí que debemos estar listos para poder ser nuestro propio salva vidas, los problemas siempre van a llegar, y van a tratar de hundirnos hasta el fondo, dañando nuestro cuerpo y nuestra mente. Es entonces cuando lo único que podemos hacer es tratar de salir a flote, colocándonos nuevos desafíos, viviendo con un propósito: el de amar nuestra vida.

Cuando amamos verdaderamente el hecho de estar vivos comenzamos a cuidar lo que comemos, lo que tomamos, sin que esto signifique un sacrificio. El cariño por nuestro cuerpo también lo podemos demostrar haciendo ejercicio. Y si este maravilloso engranaje que es nuestro cuerpo se alimenta bien y desarrolla todas sus funciones sin sobrecargas, podremos ocuparnos entonces en fortalecer nuestro espíritu y nuestra mente. Los invito a descubrir la capacidad que tiene nuestro organismo para sanarse, regenerarse y vivir en armonía. Espero que como lo hice yo, un día pueda decir: ¡Hoy estoy rescatándome!

"Ser capaz de mirarse al espejo todos los días y saber que hizo su mejor esfuerzo y que mañana será mejor"

Foto: Edward G Negron, 2018.

Made in the USA
Columbia, SC
31 August 2024

40858582R00089